Metarepresentations

メタ表示と語用論

Pragmatics

龍谷叢書 XXXIII

Metarepresentations

メタ表示と語用論

東森 勲 [編]

中島信夫
五十嵐海理
東森 勲

Pragmatics

開拓社

まえがき

　『メタ表示と語用論』出版の目的は，日本ではまだメタ表示に関する語用論からの研究が皆無に等しく，執筆者3名は，本書が，この分野研究の重要性を示すことと，この分野研究の広がりのきっかけとなればと思い，龍谷学会から出版助成を得て，開拓社より，出版することにしました．

　本書のスタートは，2013年度に甲南大学文学部の中島信夫教授が国内留学で，龍谷大学文学部の東森勲研究室に来られ，最初は二人でメタ表示研究をスタートしました．途中から興味を同じくした龍谷大学社会学部の五十嵐海理先生も参加されて，1年間いろいろと議論しました．2013年12月7日には，慶応大学で開催された日本語用論学会第16回年次大会にてワークショップ「メタ表示と語用論」と題して，私たち3名で成果を発表しました．その折に，フロアから貴重なコメントをいただきました．

　本書では，後述するように，メタ表示と言語コミュニケーションにおける3分野を主に扱います．執筆者3名は以下で，メタ表示に関するそれぞれのデータと分析を展開しますが，日本におけるメタ表示の研究の第一歩となり，より多くの研究者がこの分野に興味を持ち，より実りの多い研究となれば幸いです．

　最後に，本書の出版に関して，龍谷学会の出版助成に感謝するとともに，出版に関して開拓社の川田賢氏には，大変お世話になりました．ここに記して感謝の意を表したいと思います．

2014年8月31日

龍谷大学大宮にて

編者　　東森　勲

目　次

まえがき

序　章　メタ表示について
　　　　　　　　　　　　　　　　　　　　　　　　東森　　勲　　1

1. メタ表示とは　……………………………………………………… 1
2. メタ表示能力とは　………………………………………………… 3
3. 引用とメタ表示　…………………………………………………… 5
4. Noh（2000）の研究　……………………………………………… 6
5. 世界におけるメタ表示の研究動向　……………………………… 7
　　5.1. イギリスにおける研究　…………………………………… 7
　　5.2. スペインにおける研究　…………………………………… 7
　　5.3. ノルウェーにおける研究　………………………………… 8
6. 脳科学によるメタ表示研究　……………………………………… 12
7. メタ表示の論文　…………………………………………………… 12

第1章　発話行為条件文のメタ表示分析
　　　　　　　　　　　　　　　　　　　　　　　　中島　信夫　　15

1. はじめに　…………………………………………………………… 15
2. 発話行為条件文について　………………………………………… 16
3. 分析の準備　………………………………………………………… 20
　　3.1. 延長直示（deferred ostension）…………………………… 20
　　3.2. メタ表示（metarepresentation）…………………………… 24
　　3.3. 開条件節（open-P clause）と閉条件節（closed-P clause）……… 33
4. 行為の規則と条件文　……………………………………………… 36
　　4.0. 発話行為条件文　…………………………………………… 36
　　4.1. 行為と規則について　……………………………………… 36
　　4.2. 手順指示文の解説　………………………………………… 37

4.3. 発話行為の手順指示 ………………………………………… 40
 5. 開条件節の発話行為条件文 ……………………………………… 46
  5.1. 帰結節が身体的動作・行為の場合 ………………………… 46
  5.2. 帰結節が発話行為の場合 …………………………………… 48
  5.3. 開条件節を持つ発話行為条件文の働き …………………… 53
  5.4. 発話行為条件文の様々な例 ………………………………… 58
 6. 閉条件節の発話行為条件文 ……………………………………… 65
  6.1. 実践的推論 …………………………………………………… 65
  6.2. 閉条件節の条件文について ………………………………… 67
  6.3. 具体例での検証 ……………………………………………… 73
  6.4. 真偽判断を行う推論条件文 (inferential conditional) ……… 78
 7. ビスケット条件文 (biscuit conditional) ………………………… 81
 8. まとめ ……………………………………………………………… 87

第2章 否認とメタ表示
   ……………………………………………… 五十嵐 海理 93
 1. はじめに …………………………………………………………… 93
 2. 否定のあいまい性と否定／否認 ………………………………… 94
  2.1. メタ言語否定 ………………………………………………… 101
 3. メタ表示と否定 …………………………………………………… 106
  3.1. メタ表示 ……………………………………………………… 106
  3.2. エコー操作子 (echo operator) ……………………………… 110
 4. 否定詞を伴わない否認 …………………………………………… 112
  4.1. タブー表現による否認 ……………………………………… 112
  4.2. Like による否認 ……………………………………………… 119
  4.3. Like ＋節のパタンにおける解釈上の極性反転の原理 …… 141
 5. まとめ ……………………………………………………………… 145

第3章 英語ジョークとメタ表示をめぐって
   ……………………………………………………… 東森 勲 149
 1. はじめに …………………………………………………………… 149
 2. メタ表示とジョーク分析の基本的な考え方について ………… 151
  2.1. メタ表示の定義 ……………………………………………… 151
  2.2. 言語表示について …………………………………………… 151

  2.3. 非帰属的メタ表示（Non-attributive use）と帰属的メタ表示
    （attributive use） ………………………………………………… 152
  2.4. 解釈的用法（interpretive use）／言い換え（reformulation）と
    メタ表示 ……………………………………………………………… 153
  2.5. 引用について ……………………………………………………… 154
  2.6. 表現されていない思考 …………………………………………… 156
  2.7. メタ表示と条件文 ………………………………………………… 156
 3. メタ表示とジョークの分析 …………………………………………… 156
  3.1. ジョークと言語表示 ……………………………………………… 156
  3.2. ジョークと非帰属的メタ表示と帰属的メタ表示 …………… 170
  3.3. ジョークと解釈的用法／言い換え（reformulation）………… 171
  3.4. ジョークと引用 …………………………………………………… 171
  3.5. ジョークと表現されない（想定から復元された）元の表現から
    の変形 ……………………………………………………………… 176
  3.6. ジョークと条件文について ……………………………………… 177
  3.7. 言語形式 …………………………………………………………… 178
  3.8. 意味（領域），コンテクストのずれ …………………………… 181
 4. 事例研究 ………………………………………………………………… 184
  4.1. サンタクロースジョークとメタ表示 ………………………… 184
  4.2. PC 表現とジョークについて …………………………………… 186
 5. 終わりに ………………………………………………………………… 190

付録 1 ワークショップ：メタ表示と語用論 ……………………… 195

付録 2 基本用語の定義 ………………………………………………… 200

索 引 ……………………………………………………………………… 205

執筆者紹介 …………………………………………………………………… 209

序　章

メタ表示について

東森　勲

1.　メタ表示とは

メタ表示とは Wilson (2000: 411) では以下のように定義されています：

> A metarepresentation is a representation of a representation: a higher-order representation with a lower-order representation embedded within it.

また，Matsui (2010) は Louise Cummings (ed.) (2010) *The Pragmatics Encyclopedia*, pp. 268-270, Routledge, London の 'Metarepresentation' の項目で次のように定義している：

> The term 'metarepresentation' is used to refer to such higher-order representations which contain further representations.
>
> (Matsui (2010: 268))

このように，メタ表示とは「表示の表示」と定義されるが，「表示」とは何かということを Wilson (2000: 414) では関連性理論の枠組みで以下の3区分が示されています。

表示1： mental representation (e.g. thoughts) 心的表示
表示2： public representation (e.g. utterances) 公的表示
表示3： abstract representation (e.g. sentences, propositions) 抽象的表示

Wilson（2000: 414）では，メタ表示の高次表示（higher-order representation）と低次表示（lower-order representation）について以下のように述べている："The higher-order reprentation is generally an utterance or a thought. Three main types of lower-order representation … *public representations* …; *mental representations* …; and *abstract representations* …"

Matsui（2010: 268）は，表示と表示の組み合わせたメタ表示として次の例をあげている：

i) a mental representation of a mental representation:
   Mary believes that John believes that the price of petrol will go up soon.
ii) a public representation of a public representation:
    Mary said that John said that the price of petrol will go up soon.
iii) a mental representation of a public representation:
     John believes that Mary said that the price of petrol will go up soon.
iv) a public representation of a mental representation:
    John said that Mary believes that the price of petrol will go up soon.
v) An abstract representation (e.g. *boring* and *tedious* are synonymous) of a mental representation and/or a public representation:
   John said that Mary believes that boring and tedious are synonymous.

2. メタ表示能力とは

Sperber (2000: 117) では次のようにメタ表示能力を人間に固有のものと述べています："Just as bats are unique in their ability to use echo-location, so humans are unique in their ability to use metarepresentations."

Matsui (2010: 268-269) では，メタ表示能力は心の理論 (theory of mind) での研究が以下のいくつかの分野で進んでいることを示している："Metarepresentational capability in the mental domain has been investigated most systematically in theory of mind research."

- i) Toddler's deferred imitation and mirror self-recognition are also explained by their early metarepresentational capability.
- ii) Metarepresentational capability is also considered to provide cognitive machinery for self-consciousness, or reflection on one's own mental states.
- iii) Austistic patients, who are known to have difficulty in understanding other people's minds, also show deficits in self-awareness, and both are explained, at least in part, by their metarepresentational impairment.

"Metarepresentational capability is also essential in communication." (Matsui (2010: 269)) と言及しています．

子安増生・木下孝司 (1997: 53) では〈心の理論〉の4つの研究分野として次のものを挙げている：

- i) 哲学の研究： 信念や意図のシステムとしての〈心の理論〉のはたらきを解明，および，他者の"心の理解"に関する説明原理としての"理論説"と"シミュレーション説"との間の論争．
- ii) 霊長類研究： チンパンジー，ボノボ，ゴリラなど，社会生活を営

むヒト以外の霊長類動物（non-human primates）の〈心の理論〉の生態学的研究，および，類人猿からヒトに至る〈心の理論〉の進化の過程にかかわる仮説の提示と実験室的研究．

iii) 発達心理学研究： 健常児に見られる幼児期以降のメタ表象（meta-representation）の能力としての〈心の理論〉の発達過程の検討．［心理学では metarepresentation をメタ表象という訳語を用いるが，本書では言語学の領域でメタ表示という訳語を用いることとする］

iv) 自閉症研究： 自閉症は〈心の理論〉モジュールを欠く発達障害であるという仮説に基づく自閉症の子供たちの心理の解明．

(Michael Perkins (2007: 79-80) 参照)

Sperber (ed.) (2000: 3) ではメタ表示が認知科学や認知哲学の分野で新分野として研究が進んでいることを示している："Notwithstanding historical antecedents, much recent work on metarepresentations is truly novel as a result of being pursued within the framework of cognitive science and philosophy of cognition."

その他，メタ表示に関する認知科学，心理学，言語学からのさらにまとまったものは，中島 (2013)「メタ表示とはどういうものか」（『甲南大学紀要文学篇』163, 91-100) に詳しいので，参照してください．

さらに，本書と関係がある，メタ表示とコミュニケーションについて，Bataller (2002: 26-27) は次のように述べています："Humans possess the ability to construct conceptual representations from input acquired via the perceptual mechanisms or other representations stored in the conceptual memory. We also have the ability to construct *mental* (thoughts, beliefs, etc) and *public* (pictures, signals, texts, utterances, etc) representations of these representations by attributing them to others. This metapsychological ability to represent in your own mind the mental representations of others, known as metarepresentation (see Sperber 1994), has been of special interest for the so-called theory of mind or mindreading literature, which defines it as the ability to explain and predict the behavior of others by attributing to them beliefs, intentions and desires."

3. 引用とメタ表示

Wilson (2000: 413) では，引用 (quotation) を次の4種類に分類している：

 i) 直接引用： Mary said to me, "You are neglecting your job."
 ii) 間接引用： Mary told me I was not working hard enough.
 iii) 直接＋間接引用： According to Mary, I am "neglecting" my work.
 iv) 自由間接引用： Mary was pretty rude to me. I am neglecting my job!

また，高次表示が発話（あるいは思考）であり，低次表示が非帰属的用法 (non-attributive) として，以下のものを挙げている：

 i) 文 (sentence)： 'Dragonflies are beautiful' is a sentence of English.
 ii) 発話 (utterance)： 'Shut up' is rude.
 iii) 命題 (proposition)： *Roses and daisies are flowers* entails that roses are flowers.
 iv) 名前 (name)： I like the name 'Petronella'.
 v) 単語 (word)： 'Abeille' is not a word of English.
 vi) 概念 (concept)： *Tulip* implies *flower*.

4. Noh (2000) の研究

Noh, Eun-Ju (2000) *Metarepresentation: A Relevance-Theory Approach*, John Benjamins, Amsterdam は第1章で引用 (Quotation), 第2章でメタ表示の用法 (metarepresentational use), 第3章でメタ言語的否定, 第4章でエコークエスチョン, 第5章で条件文を扱っている. 本書の, 第1章 (中島担当) は Noh (2000) の第5章に関連し, 第2章 (五十嵐担当) は Noh (2000) の第3章に関連し, 第3章 (東森担当) は Noh (2000) の第1章, 第2章と関わりを持つと考えられる. 詳しい説明は, 本書の第1章からの議論にゆだねることとして, ここでは, メタ表示全体にかかわるので, Noh (2000) 第2章のメタ表示用法について, まとめておくことにする.

Noh (2000: 72-100) では言語的メタ表示 (Linguistic Metarepresentation) として以下の区分をしている：

> Varieties of Linguistic Metarepresentation I: Quotations
> - Pure quotation: Metarepresentation of abstract linguistic expressions and propositions: <u>"Life" has four letters.</u>　　　(Noh (2000: 9))
> - Reported speech and thought: Metarepresentation of attributed utterances and thoughts:
>   Peter to John: Leave here at once, and never come back.
>   Mary: <u>Peter said, "Leave here at once, and never come back."</u>
> 　　　　　　　　　　　　　　　　　　　　　　　　(Noh (2000: 13))
> - Mixed quotation: Metarepresentation of attributed expressions: <u>The teacher used "the rod of love" to make us learn better.</u>
> 　　　　　　　　　　　　　　　　　　　　　　　　(Noh (2000: 18))
>
> Varieties of Linguistic Metaprestation II: Non-quotations
> - Echoic metarepresentation of utterances and thought
>   i) Echoic use: A:She is beautiful. B: <u>She is beautiful, I agree.</u>

(Noh (2000: 91))

ii) Irony as implicit echoic use: <u>Oh to be in England. Now that April's there</u> (Browing, *Home thoughts from abroad*).

(Noh (2000: 96))

● Metarepresentation of desirable utterances and information: <u>Are you coming to the party?</u>　　　　　　　　　　(Noh (2000: 99))

5. 世界におけるメタ表示の研究動向

5.1. イギリスにおける研究

イギリスではロンドン大学 (University College London) で Deirdre Wilson, Robyn Carston などが，中心となり，メタ表示研究が1990年代後半からさかんである．

Wilson, D. (1999) "Metarepresentation in Linguistic Communication," *UCL Working Papers in Linguistics* 11: 127–161.

Wilson, D. (2000) "Metarepresentation in Linguistic Communication," *Metarepresentations*, ed. by D. Sperber, 411–448, Oxford University Press, Oxford.

Wilson, D. (2009) "Irony and Metarepresentation," *UCL Working Papers in Linguistics* 21, 183–226.

Wilson, D. (forthcoming) "Pragmatic Processes and Metarepresentational Abilities: The Case of Verbal Irony," *Pragmatics and Theory of Mind*, ed. by T. Matsui, John Benjamins, Amsterdam.

5.2. スペインにおける研究

スペインでも語用論研究がさかんで，以下の研究がメタ表示研究の始まりである．

Escandell Vidal, V. (1998) "Metapropositions as Metarepresentations," Paper delivered to the *Relevance Theory Workshop*, September 1998, Luton.

Escandell-Vidal, V. (2002) "Echo-syntax and Metarepresentations," *Lingua* 112, 871-900.

5.3. ノルウェーにおける研究

　海外でのメタ表示研究の動向として，最後に1つだけ挙げておきます．2009年に北欧ノルウェーのオスロ大学で，メタ表示に関するワークショップが開催されて，タイトルは Metarepresentation and non-literal language use というもので，Deirdre Wilson, 'Irony and metarepresentation', Robyn Carson 'Metaphor, simile and metarepresentation' などの発表があり，http://folk.uio.no/nicholea/metarep/prog.html に詳しく情報がのっています．このときの発表では，Carston は John is a robot と John is like a robot は異なるメタ表示能力が関係するとし，Wilson の発表はアイロニーに関するもので，最近，以下の論文 Wilson (2013) となって公開されています．以下はノルウェーでのメタ表示共同研究プロジェクトの目的などです：

http://www.hf.uio.no/csmn/english/research/projects/metarepresentation/

Metarepresentation

The metarepresentation sub-project will extend research on the human capacity to construct and process metarepresentations (e.g. thoughts about thoughts, utterances or norms) carried out in the first phase of CSMN.

Our hypothesis is that there are several evolved metarepresentational mechanisms involved in communication, persuasion and the emergence of social norms.

Objectives

In the first phase of the project, we have been assessing experimental, developmental, pathological, and cross-cultural evidence with a bearing on this hypothesis. In the next phase, we will continue research in these three areas, focusing on the following themes:

- *Communication.* Our hypothesis is that comprehension of overt communicative acts involves not merely a general capacity to attribute intentions to agents, but a dedicated mechanism for the attribution of specifically communicative intentions (Sperber & Wilson 2002). We will continue to assess theoretical and empirical evidence relevant to this hypothesis, focusing on (a) the role of spontaneous inference in comprehension, (b) the relation between spontaneous inference and reflective reasoning in comprehension, (c) the development and breakdown of communicative abilities, and (d) the role of imagery and emotion in communication and comprehension (Carston 2010).
- *Epistemic vigilance and reasoning.* In a programmatic article published in *Mind & Language* in 2010, we argued that the massive dependence of humans on communicated information creates a vulnerability to misinformation which is addressed by several mechanisms for epistemic vigilance. We will carry out empirical research on two kinds of epistemic vigilance mechanism, directed at either the source of information (who to believe) or the content of information (what to believe). In particular, we will explore the

hypothesis that human reflective inference (or 'reasoning' in the traditional sense) is best understood in relation to epistemic vigilance. For the receiver of information, checking its logical and evidential coherence (both internally and in the context of previous beliefs) is a fundamental way of exercising epistemic vigilance. For the communicator, trying to persuade a vigilant audience by explicitly displaying coherence relationships between premises that the audience already believes and novel communicated conclusions is an argumentative use of reasoning for persuasion that we regard as the main function of reasoning. We will test this hypothesis by revisiting the well known biases of human reasoning and seeing to what extent they are features of this argumentative function rather than flaws in the reasoning mechanisms. (This sub-project takes a complementary perspective to some of the issues addressed in sub-project A.)

- *Social norms.* Much recent work on morality suggests that the main role of explicit social norms is not so much to guide action (which is mostly based on emotions and intuitions) but to pass judgment on the actions of others and to justify one's own actions. In other words, social norms play a major role—arguably their main role—in argumentation. The use of norms in such contexts relies on the ability to metarepresent them. From an ontological point of view, norms stand apart from other representations (in particular mental representations) that humans routinely metarepresent. We will investigate to what extent their use in thought and argumentation involves a distinct mechanism, rather than relying on meta-psychological, pragmatic and argumentative mechanisms, which are also metarepresentational?

Participants
- Deirdre Wilson
- Robyn Carston
- Dan Sperber

Publications

Wilson, Deirdre (2013). Irony Comprehension: A Developmental Perspective. *Journal of Pragmatics*. ISSN0378-2166. *59*, 40-56.

Chevallier, Coralie; Noveck, Ira; Happe, Francesca & Wilson, Deirdre (2011). What's in a Voice? Prosody as a Test Case for the Theory of Mind Account of Autism. *Neuropsychologia*. ISSN0028-3932. *49*(3), 507-517.

Wilson, Deirdre (2011). Parallels and Differences in the Treatment of Metaphor in Relevance Theory and Cognitive Linguistics. *Intercultural Pragmatics*. ISSN1612-295X. *8*(2), 177-196.

Chevallier, C.; Wilson, Deirdre; Happe, F & Noveck, I (2010). Scalar Inferences in Autism Spectrum Disorders. *Journal of autism and developmental disorders*. ISSN0162-3257. *40*(9), 1104-1117.

Sperber, Dan; Clement, Fabrice; Heintz, Christophe; Mascaro, Olivier; Mercier, Hugo; Origgi, Gloria & Wilson, Deirdre (2010). Epistemic Vigilance. *Mind and Language*. ISSN0268-1064. *25*(4), 359-393.

Chevallier, C.; Noveck, I; Happe, F & Wilson, Deirdre (2009). From Acoustics to Grammar: Perceiving and Interpreting Grammatical Prosody in Adolescents with Asperger Syndrome. *Research in Autism Spectrum Disorders*. ISSN1750-9467. *3*(2), 502-516.

6. 脳科学によるメタ表示研究

　Attardo (ed.) (2014: 789-790) では最新の脳科学でのジョークの研究で、ことばの世界の表示のジョーク (verbal humor) の理解と、現実世界の表示のジョーク (referential humor) の理解との違いは、MRI で検査すると前者は脳のブローカ中枢が活性化しているが、後者は活性化していないという違いとして科学的に証明されている（なお、この2種類のジョークの違いについては本書、第3章（東森執筆）をご覧ください）.

> Neurolinguistic research suggests that there is a neurological basis for the distinction. <u>MRIs have shown that different areas of the brain are involved in the processing of verbal and referential jokes</u> (phonological and semantic jokes, respectively, in Vinod Goel and Raymond Dolan's terminology). <u>Verbal/phonological jokes activates Broca's area, which is used in language processing, while referential ones do not.</u>"（下線筆者）

7. メタ表示の論文

　http://www.ua.es/personal/francisco.yus/rt.html の 'metarepresentations' の見出しのところには関連性理論とメタ表示の論文のリストがあります.

　以上、メタ表示の研究動向を概観しました.

参考文献

Attardo, Salvatore, ed. (2014) *Encyclopedia of Humor Studies*, SAGE Reference, Los Angeles.
Bataller, Sergio Maruenda (2002) *Reformulations and Relevance Theory Pragmat-*

ics: The Case of T.V. News Interviews, Studies in English Language and Linguistics Vol. 12, Unisersitat de Valencia, Lengua Inglesa.
Cummings Louise, ed. (2010) The Pragmatics Encyclopedia, Routledge, London.
Goel, V. and R. J. Dolan (2001) "The Functional Anatomy of Humor: Segregating Cognitive and Affective Components," Nature Neuroscience 4(3), 237-238.
子安増生・木下孝司 (1997)「〈心の理論〉の展望」The Japanese Journal of Psychology 68(1), 51-67.
Matsui, Tomoko (2010) "Metarepresentation," The Pragmatics Encyclopedia, ed. by Cummings Louise, 268-270, Routledge, London.
中島信夫 (2013)「メタ表示とはどういうものか」『甲南大学紀要文学篇』163, 91-100.
Noh, Eun-Ju (2000) Metarepresentation: A Relevance-Theory Approach, John Benjamins, Amsterdam.
Perkins, Michael (2007) Pragmatic Impairment, Cambridge University Press, Cambridge.
Sperber, Dan, ed. (2000) Metarepresentations, Oxford University Press, Oxford.
Wilson, Deirdre (2000) "Metarepresentaion in Linguistic Communication," Metarepresentations: An Interdisciplinary Perspective, ed. by Dan Sperber, 411-448, Oxford University Press, Oxford.
Wilson, Deirdre (2013) "Irony Comprehension: A Developmental Perspective," Journal of Pragmatics 59, 20-56.

第1章

発話行為条件文 (speech-act conditionals) の
メタ表示分析

中島　信夫

There is a phenomenon in mathematics that often strikes the uninitiated as paradoxical. It sometimes happens that you want to prove some theorem *T* but are unable to do so. However, it turns out that it is possible (even easy) to prove some *stronger* theorem *T'*.... This phenomenon is pedagogically so important that Polya has called it the *inventor's paradox*. To prove what you want, you may have to prove more than you want, simply to get the flow of information to work out properly. —Jon Barwise (1989: 40-41) *The Situation in Logic*

1. はじめに

　メタ表示が関係した言語表現, あるいは, ことばの用法とか解釈の代表的なものには, 話法, エコー・クエスチョン, 心の読み取りなどがある. これらの場合, メタ表示が本質的な関わり方をしており, メタ表示ということを基本として成り立つ表現とかことばの使い方である. 一方, 否定とか文副詞などでもメタ表示が問題になるが, これらの場合は, 一般的には問題にならず, 特定の用法でメタ表示が関係してくる. 本論で扱う条件文の場合でも, 一般的にはメタ表示は関係ないが,「発話行為条件文」と本論で呼ぶ特定の条件文の用法で問題となる.

条件文におけるメタ表示の研究には，すでに Noh (2000) などがあるが，本論では，メタ表示的用法が生まれる生成過程まで分析を掘り下げるとともに，言語行為を含めた行為一般において条件文が果たす役割を考えながらより広い視野から条件文を分析する．メタ表示はそうした包括的考察の中で 1 つのキー概念として用いられる．

2. 発話行為条件文について

言うまでもない基本的なことであるが，平叙文，疑問文，命令文という文型には，それぞれ，平叙文は主張行為，疑問文は質問行為，命令文は命令行為といった基本的な使い方がある．Searle (1979) にならって，そうした発話行為の発話の力 (illocutionary force) をそれぞれ ⊢, ?, ! で表すと，同一の命題内容 P を持つ次の 3 つの文，ないし，発話は，発話の力の違いとして表すことができる．

(1) a.　⊢(P): You are a good boy.
　　b.　?(P): Are you a good boy?
　　c.　!(P): (You) Be a good boy.

接続詞によって結合された複文の場合，一般に，結合される節の文型ではなく複文全体に発話の力はかかる (van der Auwera (1986: 199-201))．たとえば，本論で検討する条件文の場合，次のように条件文全体に文型に対応した発話の力がかかる．

(2) a.　⊢(P → Q): If I have a question, I'll ask Jane.
　　b.　?(P → Q): If it rains tomorrow, will the match be cancelled?
　　c.　!(P → Q): If it doesn't rain tomorrow, paint the house.

したがって，こうした条件文を次の真理表で定義される実質含意 (material implication) と解釈した場合，(2a) では，そうした実質含意が真であると

主張され，(2b) では真かどうかが問われており，また，(2c) では実質含意を真にするような行動を取ることが要請されている．[1]

実質含意（→）の真理表

P	Q	P → Q
T	T	T
T	F	F
F	T	T
F	F	T

ところが，Sweetser (1990: 118) のあげる次のような発話行為条件文 (speech-act conditionals) では，単なる真偽の関係ではなく，条件節は，帰結節で示されているような発話行為が遂行される条件を表しているという．

(3) a. (P → ⊢Q)： If I may say so, that's a crazy idea.
　　b. (P → ?Q)： If it's not rude to ask, what made you decide to leave IBM?
　　c. (P → !Q)： If I haven't already asked you to do so, please sign the guest book before you go.

そして，帰結節で示されている発話行為は，単に「表示」されているだけでなく，Geis and Lycan (2001) が言うように，さらに，主張，質問，命令といった発話行為が実際に遂行されていると考えられる．また，(3) の条件節は，いずれも発話行為が遂行されるための適切性の条件 (appropriateness conditions) のようなものを明示しているが，Geis and Lycan (2001: 184) のあげる次の例 (4) では，適切性条件ではなく，相手の様子とかその場の状況をもとに「相手が司令官をさがしている」のではないかという話し手の

---

[1]「実質含意」とは，因果の関係とか時間の前後関係とかによらず，純粋に真偽の値だけによって決まる「実質的」含意関係の意である．

推測ないし判断を表している．

(4) Deborah Kerr: <u>If you're looking for the captain,</u> he isn't here.
　　 Burt Lancaster: And if I'm not looking for the captains?
　　 Deborah Kerr: He still isn't here.

(*From Here To Eternity*)（下線は筆者）

こうした (3), (4) のような条件文では，いずれも帰結節の発話それ自身が独立した発話行為を遂行していると考えられるので，Sweetser (1990) の用語を用い一括して「発話行為条件文 (speech-act conditionals)」と呼ぶことにする．

　条件付き発話行為の場合，条件節を含めて全体としても発話行為が遂行されていると考えられ，同時に帰結節の発話行為がその中に埋め込まれているような形をしている．

(5) a.　$F(P \rightarrow \vdash Q)$
　　b.　$F(P \rightarrow ?Q)$
　　c.　$F(P \rightarrow !Q)$

そうすると，条件文全体の発話がどのような発話の力 F を持っているかが問題となる．

　van der Auwera (1986: 201-203) は，(6a) のような帰結節が命令行為になっている発話行為条件文について，(6b) のように，条件文全体の発話は主張行為（⊢）になっていると述べている．

(6) a.　Open the window if I may ask you to.
　　b.　$\vdash ((\text{I may ask you to open the window}) \rightarrow (!\text{you open the window}))$

そして，このように 1 つの発話で 2 つの発話行為が遂行されている状況は，次のようないわゆる遂行発話 (performative utterance) において，主張行為

と命令行為の2つの行為が遂行されている状況と同じであると説明している．

(7)　I hereby order you to leave.
(8)　a.　⊢ (I order you to leave)
　　　b.　!(You leave)

　本論では，(i) 発話行為条件文全体の発話の力が，van der Auwera の言うように主張行為であるのか，他の行為は考えられないか，また，(ii) 1つの発話で複数の発話行為が遂行されるとはどういうことか，それはどのような仕組みによるのか，という2点を中心に考察する．

　本論の考えを前もって述べておくと，まず，(6a) のような発話行為条件文は，van der Auwera の言うように，条件文の主張行為と命令行為の2つの発話行為が遂行されているとする．

(9)　a.　⊢ ([I may ask you to open the window] → [I order you to open the window])
　　　b.　!(You open the window)

　そして，Noh (2000) の論じているように，その遂行されている命令行為のメタ表示が帰結節として埋め込まれていると考える．さらに，その埋め込みの仕組みには，延長直示 (deferred ostension) として一般に知られている直示行為が関係していると考える．言い換えると，帰結節の発話は，命令行為を遂行すると同時にそのメタ表示を全体の条件文に供給するという二重の働きをしている．[2]

　こうした本論の考え方の一般性を見るために，発話行為条件文以外に，次のような推論を表すとされる条件文についても考察する．

---

　[2] 中島 (2014) では，こうした本論の基本的考えを論じた．本論では発話行為条件文の統語構造については考察しないが，Haegeman (2008), Haegeman, Shaer and Frey (2008) では発話行為条件文を含む類似の構文について議論されている．

(10) If it is raining (now), the lawn will be too wet to play on this afternoon.　　　　　　　　　　(Haegeman (1983: 147))

また，次のような Austin(1961) のビスケット条件文 (biscuit conditional) にも本論の考えを適用してみる．

(11) There are biscuits on the sideboard, if you want them.

結果として，(11) も (3) のような発話行為条件文の一種であるという結論が得られる．

3. 分析の準備

3.1. 延長直示 (deferred ostension)

ことばの基本的な使い方の1つとして，ある対象を指さして「これは，何々だ」というような言い方があるが，このときの「これ」と言って指さすことを直示 (ostension) という．例えば，次のような言い方をしたとき，話し手は 'This' である対象を示し，その対象が 'robin' という種類の鳥であると言っている．

(12) This is a robin.

ところが，芝を指さして次のように言うとき，指さした対象と話し手が指示しようとしている対象とは異なっている．

(13) This is green.

このとき話し手が 'green' と言おうとしている対象は，芝ではなく「芝の色」といったものである．このように指さした対象と話し手が指示しようとする対象が異なる例は，他にも色々ある．次は Recanati (2010: 221) の挙げる例である．

(14) a. This is parked out back.
　　b. Those are no longer in fashion.

駐車係にキーを渡しながら，(14a) を言うとき，話し手が指示しているのはキーではなく車である．また，一足の靴を指さして，(14b) を言うとき，指示しているのはその靴のタイプ，あるいは，そのタイプの靴全体である．Quine は，このように，指さした対象そのものではないものを指示する直示の仕方を，「延長直示 (deferred ostension)」と呼んだ (Quine (1969: 39-41)，丹治 (1997: 220-223))．[3]

Nunberg (1978) は，このような延長直示について詳しく考察しているが，その中に次のような引用 (quotation) の例がある．

(15) 'Plato' has five letters.　　　　　　　(Nunberg (1978: 57))

この例では，'Plato' という文字列のトークンを指し示して，その文字列タイプを指示していると考えられる．こうした言語表現の延長指示には様々なものがあり，Nunberg (1978: 57) は，さらに次のような例もあげている．

(16) a. 'Plato' has six letters in French.
　　b. 'Plato' begins with a stop.

(16a) では，(言語一般における) 文字表記のタイプが，(16b) では，音列のタイプが延長直示されている．さらに，次の例では固有名のタイプが延長直示されている．

(17) 'Plato' is a proper noun.

このような言語表現の引用の仕組みを見るために，this を用いて (18) のように図形のトークンを指し示す代わりに，(19) のように，その図形を文

---

[3] 渡辺 (1978, 1986) は，「誘発」という語を用いて，「トークンとタイプの関係を，個物としてのトークンにより一般者としてのタイプが誘発される」というように説明している．

の中に取り込んだ例と比較してみたい．

(18) This is an equilateraltriangle.

(19) '△' is an equilateral triangle.

言語表現の引用では，引用する方と引用される方とがともに同じ言語表現で，両者の区別が付きにくいが，(19) のような形になっており，両者は異質なものである．Davidson (1979) は，引用符 ' ' が指示詞 this の働きをしていると考え，(20a) を (20b) のようにパラフレーズしている．

(20) a. 'Alice swooned' is a sentence.
　　　b. The expression of which this is a token is a sentence.

　　　　　　　　Alice swooned.

つまり，引用符が this の働きをしてトークンを指し示し，そのトークンの延長上にあるタイプとして文を指示していると考えるのである．

　これら例で指さされる対象は，芝とかキー，あるいは，言語表現といった「もの」であるが，次の Horn (1989: 563-564) のあげる次の例のように，動作という「こと」を指し示す場合もある．

(21) Piano student plays passage in manner μ.
　　　Teacher: It's not [plays passage in manner μ] — it's [plays same passage in manner μ'].

同様に，発話という「出来事」を指し示す場合も考えられる．まず次の発話の例を見てみる．

(22) Captain: Class Fifteen Eighty-One, raise your right hand and re-

第 1 章 発話行為条件文 (speech-act conditionals) のメタ表示分析 23

    peat after me. I do solemnly swear ...
Class: I do solemnly swear ...
Captain: ... that I will support and defend the Constitution of the United States of America ...
Class: ... that I will support and defend the Constitution of the United States of America ...

              (*An Officer and a Gentleman*)

これは，宣誓式の場面であるが，Captain の発話のトークンそれ自身は宣誓を行っているのではなく，宣誓発話の見本，つまりタイプを示している．[4] こうしたトークンとタイプを本論では次のような表記で表すことにする．

(23) token t: At l, Captain says *I do solemnly swear* ...
   Type T: [At **l**. **x** says *I do solemnly swear* ...]
   (l は，事態の生起する時空間を表す．ボールド **l**. **x** は変項を表す．タイプを [ ] で表す)[5]

 一方，クラスの一員，例えば Mayo という人物についてみると，その発話のトークンは Captain が示した発話のタイプの事例になっており，これは真正の宣誓行為である．

---

[4] Noh (2000: 98-99) は，このような発話を Wilson (2000) の考えを受けて，'metarepresentation of desirable utterances and information' と呼んでいる．同種のものとして，舞台におけるプロンプターの発話や外国語学習における先生の模範発話などをあげている．

[5] 状況意味論 (situation semantics) の考え方に従うと，こうしたトークンとタイプとの関係は，状況と状況タイプとの関係として捉えることができる．例えば，(22) のトークンは「キャプテンが宣誓の言葉を発言する事態」が成立している状況 s として次のように表記される．
 (i) s ⊨ ≪At l, Captain says *I do solemnly swear* ..., 1≫
この状況を事例とするタイプは，変項 **s**, **l**, **sp** を持つ次のような状況タイプとなる．
 (ii) [**s**: **s** ⊨ ≪At **l**, **sp** says *I do solemnly swear* ..., 1≫]
本論では，表記が複雑になるのでトークンとタイプは (23) のように簡単に表す．

(24) token t′: At l′, Mayo says *I do solemnly swear ...*

これらのトークンとタイプの関係は次のように図示できる．

図 1

トークン t, t′ は，いずれも同一のタイプ T の事例 (instance) ということで「類似」の関係にある．('↑' は, 'Token t is an instance of type T' という関係を表す)

　ここで，「延長指示」という用語の使用について注意をしておきたい．Nunberg や Davidson は，(15)，(16)，(17)，(20) における引用句は指示表現としてタイプを延長指示していると考えるが，Clark and Gerrig (1990)，Clark (1996) や Recanati (2010) は，引用をすべて 'demonstration (例示)' として捉える．本論の議論はどちらの考えをとっても差し支えないが，(22) の発話の例や条件文を構成する節など通例指示表現として扱われないものが主となるので，「引用」ではなく「例示」として扱うことにする．したがって，「タイプを延長指示する」という言い方に換えて，「トークンがタイプを例示する」という言い方を採用する．

3.2. メタ表示 (metarepresentation)
3.2.1. 発話行為のメタ表示

　上で見た (15)，(16)，(17) の文は，'Plato' という表示（物）としての語についての表示で，一種のメタ表示になっている．(20) の文も，'Alice swooned' という表示としての文に付いての表示で，やはりメタ表示であ

る。[6] 一方，(22) の発話の例では，発話のタイプ ((23) の Type T) が一種の表示の役割をしており，その表示は言語表現 *I do solemnly swear ...* を埋め込んでいるのでメタ表示になっている。ただ，Captain の発話の働きを詳しく見てみると，Captain が例示（すなわち延長指示）しているのは，(23) の T のような宣誓の言葉をただ言うだけの一般的なタイプではなく，宣誓式という特定の状況における特定のクラスの構成員が遂行する発話のタイプ T' である。

(25)　Type T': [At **l**$_{cl}$.**cl** says *I do solemnly swear ...*]

このタイプ T' はタイプ T のサブタイプになっており，図 1 のトークンとタイプとの関係は詳しくは次のように表すことができる。

図 2

('T ⇒ T'' は，'T' is a subtype of T' という関係を表す：T' is a subtype of T iff for any token t, if t is of type T', then t is of type T.)

図 2 から分かるように，Mayo の発話 t' はタイプ T' のトークンであると同

---

[6] メタ表示を Wilson (2000: 411) は次のように規定している：

A metarepresentation is a representation of a representation: a higher-order representation with a lower-order representation embedded within it.

「階層 (order)」といったセマンティックな意味合いの言葉を含んでいるが，基本的にはシンタクティックな規定をしている。本論でもほぼこのような意味で「メタ表示」という言葉を用いる。一方，Perner (1991: 35) は，「メタ表示」を「表示（関係）を表示として表示したもの (representation of a representation as a representation)」として，つまり，「表示するものとされるものの関係の表示」として，セマンティックな規定をしている。詳しくは中島 (2013) を参照のこと。

時にTのトークンでもあるが，Captainの発話tはTのトークンではあるがT'のトークンではない。[7]

(22)の例では，Captainの発話が誰の発話タイプの例示であるかはコンテクストから判断されるが，次の例のように直接話法を用いて明示することができる．

(26) (場面は，アメリカ海軍の士官養成学校で，教官のFoleyが士官候補生達に上官に対する態度について教えているところである)

Foley: ... You're not worthy enough to look your superiors in the eye! Use your peripheral vision. Understand?
Perryman: Yes, sir.
Foley: Now, every time I say, "Understand?" I want the whole group to say, "Yes, sir!" Understand?
Group: Yes, sir!
Foley: (yells) Understand?
Group: (shouts) Yes, sir!

(*An Officer and a Gentleman*)

下線部の発話 "Yes, sir!" は，Foleyの行っている発話tであるが，FoleyはこのによってグループJの遂行すべき発話のタイプT'を例示している．そして，後に続くグループ全体の "Yes, sir!" という発話t'はそのタイプのトークンになっている．

(27) token t: At l_0, Foley says *Yes, sir!*
Type T: [At **l**, **x** says *Yes, sir!*]
Type T': [At **l**, the group says *Yes, sir!*]

---

[7] Recanati (2010: 224-226) は，タイプとそのサブタイプの関係をClark (1996: 172-173) のあげているお茶を飲む仕草の例を使って詳しく説明している．

第 1 章 発話行為条件文 (speech-act conditionals) のメタ表示分析   27

       token t′: At l′, the group says *Yes, sir!*

これらの発話のトークンとタイプとの関係は，(22) の Captain の発話の例と同じく図 2 のようになっている．

 直接話法で明示された下線部の "Understand?" という Foley の発話 t は，Foley 自身が行う発話のタイプ T′ を例示している．そして，後続する Foley の t′ の発話 "Understand?" は発話タイプ T′ のトークンになっている．

(28)   token t: At l_0, Foley says *Understand?*
          Type T: [At **l**, **x** says *Understand?*]
          Type T′: [At **l**, Foley says *Understand?*]
          token t′: At l′, Foley says *Understand?*

この場合も，発話のトークンとタイプの関係は図 2 のようになっているが，Foley 自身の発話のタイプを例示しているので図 3 のように見ることもできる．さらに，t, t′, T′ の三者の関係は図 4 のように簡略化して捉えることができる．

                図 3   図 4

上の (26) の下線部の発話では，Foley は (22) の Captain と同じく，発話のタイプを例示しているだけで質問，返答という行為を Foley 自身は遂行してはいない．もし John がこの場面を目撃したとし，Mary が John にそこでどんな発話があったかを尋ねた次の会話を考えてみたい．

(29)   Mary: What did the group say?
          John: a. They said, "Yes, sir!"
                    b. "Yes, sir!"

この場合，John の答え方は (29a) のように明示的メタ表示の形と，グループの発話だけを再現する (29b) の答え方とがある．いずれの場合も，John の発話 t は発話のタイプ T′ を例示するだけで，John 自身が返答をしたわけではない．

(30)　token t:　At l_0, John says *Yes, sir!*
　　　Type T:　[At **l**, **x** says *Yes, sir!*]
　　　Type T′: [At $l′$, the group says *Yes, sir!*]
　　　token t′: At $l′$, the group says *Yes, sir!*

ただ，Foley の発話と違って，例示された発話のタイプは $l′$ という時点に特定化されたタイプで，そのことは (29a) では伝達部 'They said' によって明示されている．[8] そして，さらに，この場合，John は発話タイプを例示するだけでなく，「グループの発話は "Yes, sir!" であった (t′ is a token of type T′)」という主張を行っている．

(31)　John asserts that the group said, "Yes, sir!" (= (that) t′ is a token of type T′)

2.3 節に行く前に，次のサブセクションで，以上のような発話のトークンとそのタイプについての考え方を，メタ表示を含むと考えられる条件文の分析に応用してみる．[9]

---

[8] タイプ T′ の時間点が変項ではなく特定の時間点 $l′$ となるとトークン t′ とが見かけ上区別が付かなくなる．状況意味論の考えによると，世界全体を見て真偽が決定されるのではなく，状況ごとに決まることになるので，その考え方に従うと，状況 s を変項として導入することができる．
　(i)　Type T′: [In **s**, at $l′$ the group says *Yes, sir!*]
そして，そのトークン t′ は，特定の状況 s における発話となる．
　(ii) Token t′: In s, at $l′$ the group says *Yes, sir!*]

[9] 2.2.2 節で考察する条件文は，メタ表示を含むという点で，4 節以降で考察する発話行為条件文と似ているが，帰結節の発話は見かけだけの発話行為で真正の発話行為を遂行していないという点で，4 節以降の条件文とは決定的に異なっている．

3.2.2. 条件文に見られるメタ表示

次の例における下線部の条件文では，第1節で見た発話行為条件文と同じく，見かけの上では条件節と帰結節とは意味的につながっていない．

(32) Mitch recrossed his legs. Money, that was the big question, particularly how it compared to his other offers. <u>If it isn't enough, thought Mitch, then it was nice to meet you fellas.</u> If the pay is attractive, then we can discuss families and marriages and football and churches. (J. Grisham, *The Firm*)

この場合，次のように帰結節に I say を補ってメタ表示の形で解釈すると（原文では思考の報告 (thought Mitch) という形になっているが，話を簡単にするため発話の報告 (said Mitch) と考える），条件節と意味的につながってくる．[10]

(33) If it isn't enough, then I say, "It was nice to meet you fellas."

日本語では，次のような言い方が可能で，何らかの形で帰結節が引用になっているということが示される．

(34) 「十分納得いく給料じゃあないと，そのときは（おれが言うのは）

---

[10] (32) や後の (40) の例では，帰結節に then が現れているが，(3)，(4) のような条件付き発話行為の例では通例 then は用いられない (Horn(1989: 380), Geis and Lycan (2001: 186), Declerck and Reed (2001: 364))．

(i) If I may speak for myself, (*then) I don't think it's a good idea.
(Declerck and Reed (2001: 364))
(ii) *If you want them, then there are biscuits on the sideboard.
(Geis and Lycan (2001: 186))

しかし，Siegel (2006: 190) は，then の後の 'comma intonation' でメタ的接続詞であることを明示すると then は可能であると言っている．なお，(32)，(40) の条件文の発話では，発話の力は (3)，(4) とは異なり，次のように発話全体にかかる力だけである．

(iii) ⊢ (P, I say Q)

詳しくは，中島 (2014) を参照のこと．

「お会いできて良かったです」だ」

次のように，引用部だけだと不自然になる．

(35) ?「十分納得いく給料じゃあないと，そのときは「お会いできて良かったです」」

どのようにして (33) のようなメタ表示が得られるか考えてみると，まず，条件文の発話において，帰結節の発話 'it was nice to meet you fellas' はそのまま条件文の中に組み入れられるのではなく，発話のタイプ T を例示するトークン t として働く．

(36) token t: At l_0, Mitch says *it was nice to meet you fellas*
Type T: [At **l**, **x** says *it was nice to meet you fellas*]

しかし，この場合，条件文に組み入れられるのは T そのものではなく，発話者を Mitch とするサブタイプ T′ である．

(37) Type: [At **l**, Mitch says *it was nice to meet you fellas*]

このサブタイプを組み入れた条件文全体の解釈は，変項がバインドされた次のような解釈になる．[11]

---

[11] 本論では，Barwise (1989: Chapter 5 Conditionals and Conditional Information), Barwise (1993), Barwise et al. (1995) などの考えに従って，条件文は状況タイプ間の関係を表すと考えている．例えば，(i) の条件文は (ii) のような変項 **s**, **l** を持つ状況タイプ間の関係を表す．

(i) If it snows, then the sidewalks are slippery.
(ii) [**s**: **s** ⊨ ≪at **l**, it snows≫] ⇒ [**s**: **s** ⊨ ≪at **l**, the sidewalks are slippery≫]

この (ii) は次のように解釈される．

(iii) ∀**s**, **l**, if **s** ⊨ ≪at **l**, it snows≫], then **s** ⊨ ≪at **l**, the sidewalks are slippery≫]

また，次の条件文 (iv) は特定の時空間 l_0 についての記述であるので，(v) のように変項 **s** だけを持つ状況タイプ間の関係を表す．

(iv) If it is snowing, hen he sidewalks are slippery.
(v) [**s**: **s** ⊨ ≪at l_0, it snows≫] ⇒ [**s**: **s** ⊨ ≪at l_0, the sidewalks are slippery≫]

第 1 章　発話行為条件文 (speech-act conditionals) のメタ表示分析　　31

(38)　∀ l, if [at l, money is not enough], then [at l, Mitch says *it was nice to meet you fellas*]

そして，帰結節の発話のトークンとタイプの関係は図 3 ないし図 4 になり，トークン t′ となるのは，(38) の前件が満たされたときに具現化すると予想される Mitch の発話である．

　次に，もう 1 つ，過去の出来事の報告に条件文が用いられている次の例を見てみたい．

(39)　(George が，息子 Sam に自分の父親からどんな仕打ちを受けたかを話す場面)
　　　George:　… He could be almost invisible as a human being, but I still had to be smaller. So if I got good grades in school, then I was a pussy for not playing football. Or if I cut my hair for him, it was never short enough. If I shaved my head, then I looked like a psycho. I never won the game. Never. And if he couldn't make me smaller with words, …
　　　Sam:　　I have to pay him back.
　　　George:　I won't ever hit you. Ever.

　　　　　　　　　　　　　　　　　　　　　(*Life as a House*)

ここで，George のセリフの内の 3 つの条件文は，帰結節が次のようなメタ表示として解釈される．

(40)　So if I got good grades in school, then <u>my father said</u> I was a pussy for not playing football. Or if I cut my hair for him, <u>he</u>

そして次のように解釈される．
　(vi)　∀s, if s ⊨ ≪at l_0, it snows≫, then s ⊨ ≪at l_0, the sidewalks are slippery≫

said it was never short enough. If I shaved my head, then he said I looked like a psycho.

（「おれが学校で良い成績を取ると，（おやじが言ったのは）「お前は女みたいなやつだ，フットボールもせずに」だった．」...）[12]

この場合のメタ表示については，帰結節を間接話法的に理解すると，まず，Georgeの発話のトークンtがそのタイプTを例示する．

(42) token t: At l_0, George says he was a pussy for not playing football.
Type T: [At **l**, **x** says George was a pussy for not playing football]

そして，変項**x**にGeorge's fatherが代入されたサブタイプT′が条件文に組み入れられ，最終的には条件文は次のように解釈される．

(43) $\forall l < l_0$, if [at **l**, George gets good grades in school], then [at **l**, George's father says he is a pussy for not playing football]

この例では，帰結節の発話のトークンtとそのタイプT，T′との関係は図2のようになり，トークンt′は過去におけるGeorgeの父親の発話である．

　これらの条件文における帰結節の発話のトークンは，(22)，(26)，(32)における発話のトークンと同じく，発話のタイプを例示するだけの働きをしており，それ自身単独で発話行為を遂行しているわけではない．しかし，1節で見た発話行為条件文の帰結節の発話は，真正の発話行為を遂行している．例えば，次の(44a)の発話行為条件文を用いた場合，(44b)のように主張行為を遂行することになる．

(44) a. If I may say so, that's a crazy idea. (= (3a))
b. I assert that that is a crazy idea.

---

[12] 日本語でも，このような場合，「学校で良い成績を取っても，おれはフットボールもしない女々しいやつだった」のように，メタ表示を明示しない言い方が可能である．

発話行為条件文の発話では帰結節がメタ表示になっていると考えた場合，発話行為を遂行しながら発話タイプを例示していることになるが，その仕組みがどのようなものであるかを明らかにするのが本論の主要な目的である．

3.3. 開条件節（open-P clause）と閉条件節（closed-P clause）

Declerck and Reed (2001) は，条件節の意味の違いにより次のような条件文 (45a) と (45b) を区別している (Declerck and Reed (2001: 81-93))．

(45) a. If the train is late, we will miss our connection in London.
  b. ["Mummy, the milkman is here."]—"If the milkman is here, I can give him his money.

(45a) では，汽車が遅れるという「事態成立の可能性」が想定されているだけであるが，(45b) では，相手の発言を受けて，牛乳配達人が来たという「事態の成立」が想定されている．(45a) のような条件文は，'open-P conditional' と呼ばれ，(45b) のようなものは 'closed-P conditional' と呼ばれている．[13] 同様の区別は，van der Auwera (1985: 203-213) の「generic conditionals 対 particular conditionals」や，Dancygier (1998) の「predictive constructions 対 non-predictive constructions」にも見られる．このような2種類の条件文の違いは，Haegeman (1983: 147) のあげる次の条件文の解釈を見ると一層はっきりする．

(46) If John comes to the party tonight I will leave at once.

Haegeman によると，この条件文は次の2つの解釈が可能だという．

(47) a. If the event of Johns coming should occur some time tonight, I

---

[13] 'open,' 'closed' という名前の由来については述べられていないが，自由変項を含む文（式）を 'open' と言うのに対し，含まない文（式）を 'closed' と言うのに対応しているように思う．

will leave at once, *i.e.* immediately after his arrival, t_{0+n}.

b. If it is to be taken as a fact that John comes tonight, *e.g.* if he has confirmed that he accepts the invitation, I decide to leave at once, *i.e.* t_0, this very moment.

(47a) は，Open-P conditional としての解釈で，(47b) は，Closed-P conditional としての解釈である．日本語では，(47a) の解釈は「たら／ば」などを使った条件文で表すのに対し，(47b) の解釈は，「なら」を使って表す．

(48) a. 今夜ジョンが来たら／来れば，(そのあと) すぐ帰ります．
　　 b. 今夜ジョンが来る (の) なら，(今) すぐ帰ります．

以下では，Open-P conditional の条件節を「開条件節 (open-P clause)」，Closed-P conditional の条件節を「閉条件節 (closed-P clause)」と呼ぶことにする．開条件節の表す事態の時間は，帰結節の表す事態との関係で決まり，一般には，帰結節の事態に先行する．これに対し，閉条件節は独立性が高く，帰結節とは独立したそれ自体の時制を持つと考えられる．次の例では，条件節の表す事態は現在 (発話時) であるが，帰結節は過去のことを表している．

(49)　If he is in the lobby, the plane arrived early.

(Dancygier (1998: 62))

また，次では，未来に起こりうる事態を予想して，今現在行われようとする行為を帰結節は表している．

(50) a. If it won't spoil your supper, come on down for a cup of tea.

(R. Anderson, *Tea and Sympathy*)

　　 b. 寒くなるなら，(今すぐ) 暖房を入れます．

閉条件節は，こうした自立性に加えて，典型的には，次の例のように，相

手ないし発話者自身の発言とか考えを繰り返す (echo) 場面で用いられる.

(51) a. A: I love her.
   B: If you love her, why didn't you come to the party?
   (Noh (2000: 187))
 b. If, as they say, they were late yesterday, it cannot have been because of the weather.　(Declerck and Reed (2001: 81))
 c. Will you eat today? If you will (eat today), then please spare something for an old person overseas who will be "lucky" to have even one scanty meal.　(Haegeman (1983: 153))

こうした事実をもとにすると,閉条件節は,開条件節のように事態を表しているのではなく,Noh (2000) の言うように,事態を表す (条件) 節の発話 (行為) (utterance) を表していると考えられ, (52) のように言い換えることができる.

(52) If you say you loved her, why didn't you come to the party?

また,Haegeman (1983: 153) の言うように,If it is true that … で言い換えることもできる.

(53) If it is true that you loved her, why didn't you come to the party?

閉条件節の場合, (52) のような発話行為の表示として言い換えができ,また, (53) の言い換えでは真偽の確定できる命題に対する態度の表示と考えられるので,いずれの言い換えでも条件節はメタ表示になっているといえる.

　以上のような2種類の条件節の違いは,1節で見た帰結節が発話行為を遂行している条件文を考察する上で,非常に重要である.日本語の場合,「たら/ば」と「なら」という異なった形式を用いて区別するが,英語の場合は,開条件節も閉条件節も同じく if を用い,形式上は区別されないので,特に

注意が必要である．1節の（3）の条件節は，いずれも開条件節と考えられるが，（4）の条件節では，話し手は，司令官を探していると思われる相手の様子から想定される発話をエコーして言っていると解釈できるので，閉条件節と考えられる．このような場合，日本語では「司令官を探しているんなら，ここにはいないわよ．」のように「なら」を用いるところである．

以下，4，5節では，開条件節の条件文を考察し，6節では閉条件節の条件文を扱う．

4. 行為の規則と条件文

4.0. 発話行為条件文は，単に発話行為の問題であるだけでなく，身体的動作を含めた広く行為一般の問題と関連している．そこでこの節では，まず，われわれの行為が何らかの規範に従って行われ，その規範は一般に条件文の形で表現できることを確認する．そして，規範を表すそうした条件文に従って行われる身体的行為の分析を通して発話行為の表示が埋め込まれた条件文の仕組みを明らかにしたい．

4.1. 行為と規則について

われわれが日々行っている社会的行為はいずれも何らかの規則に従うものである．まず，そうした規則を，黒田亘（1992: 16-24）に従ってまとめてみる．

(54) (i) 法律や交通規則など国や地方自治体の決めた規則，社則や校則など団体・組織などの決めた規則のように明文化されたもの

(ii) 集団の中で慣習的に守られている礼儀・作法など人との付き合いに関した規則で明文化されていないもの

(iii) 個人の習慣など私的な生活上のきまり一般

(iv) 料理や釣りなどの一定の技能や技術を習得するための手引き，

教則といったたぐいの規則

こうした規則は，一般に，命令的表現で表すことができる（Searle (1969: 34))．

(55) a. When cutting food, hold the knife in the right hand. (iv)
　　　b. Officers must wear ties at dinner (i) or (ii)
　　　c. Brush your teeth after having breakfast. (iii)
　　　d. You should turn in your paper on time. (i)

(55a) は (iv) の規則で，(55b) は (i) ないし (ii) 規則と考えられる．さらに，規則が適用される状況の範囲を条件節で示すことができる（Tedeschi (1974: 139))．

(56) a. If the lights go out, break the circuit before removing the fuse.
　　　b. If you fall into the water, grab something that floats.
　　　c. Paint the garage (only) if it doesn't rain.

こうした条件文の条件節は，いずれも開条件節である．
　本論では，1節で見た発話行為条件文の発話の背景には，(56) のような条件文の形をした行動規則があると考える．そこで，(56a) のような手順指示文 (direction) に従った我々の行為・行動を分析し，その分析を参考にして発話行為条件文がどういうものであるか考えてみたい．

4.2.　手順指示文の解説

まず，手順指示文の発話の力は，命令行為の力であることを確認しておく．

(57)　　!(P → Q):
　　　　If the lights go out, break the circuit before removing the fuse.
　　　　　　　　　　　　　　　　　　　　　　　　　　　　(= (56a))

そして，この手順指示に従った行為を分析する前に，この行為・動作がどういうもので，どういう手順で行われるかを，責任者 John が作業員に説明する場面を考えてみる。[14]

John は，「ライトが消えた場合は」と条件節を口にしたあと，ブレーカーを切る動作がヒューズの取り外しに先行すること，ヒューズのどちら側を先に取り外すか等々，実行すべき行為を身振りでもって説明するであろう。これは，Clark and Gerrig (1990) のいう 'demonstration' を行っており，実行すべき行為をことばで記述（describe）する代わりに身振りを使って描写（depict）しているのである。

(58) John: If the lights go out, [demonstrates how to break the circuit and to remove the fuse]

これは，行為のトークンを示し，それによって行為のタイプを例示していると考えることができる。

(59) token t: John demonstrates how to break the circuit and remove the fuse.
Type T: [at **l**, **x** breaks the circuit and removes the fuse]

そして，このとき，指示されたタイプは，(58) の条件節に続く帰結節を埋める表示として条件文の中に取り込まれることになる。このように考えると，(58) のデモンストレーションを行っている発話は次の (60) のように解釈でき，John は実質的には，(57) と同じ手順指示文の発話を行っていると見ることができる。

---

[14] ヒューズの取り外しについては，例えば，次のような注意事項の説明がある：
FUSES: Before removing any fuse from a circuit, be sure the switch for the circuit is open or disconnected. When removing fuses, use an approved fuse puller and break contact on the hot side of the circuit first. When replacing fuses, install the fuse first into the load side of the fuse clip, then into the line side.
(http://www.elec-toolbox.com/Safety/safety.htm)

(60) !(P → Q):
If [at l, the lights go out], [at l, x breaks the circuit and removes the fuse]

一方，もし John が作業員に手順を教えるという意図よりも，自分も含めて全員にライトが消えた場合の行動を例示するつもりでデモンストレーションをしている場合には，その発話は，主張行為の力'⊢(P → Q)'を持つことになる．さらに，John ではなく作業員の一人が，同じようなデモンストレーションを行い，「ライトが消えた場合の手順はこれで良いでしょうか」と確認を求めた場合には，その発話は，質問行為の力'?(P → Q)'を持つことになる．

　ここで身体的行為のトークンとそのタイプとの関係であるが，トークン t は次のようにタイプ T を例示しているだけで，別の行為トークンを T を介して示すような働きはここではしていない．

(61) John: If the lights go out, T: [at l, x breaks the circuit and removes the fuse]

↑

token t: John demonstrates how to break the circuit and to remove the fuse.

これは，(20a) の例 'Alice swooned' is a sentence. において，引用符内の発話がタイプとしての文を指示，あるいは例示しているのと同じ関係と考えられる．

　身体的行為のトークンがそのタイプを介して別の身体的トークンを示している場合も考えられる．例えば，前節の例 (39) の最後の部分は，George が「おれの親父はこんな風におれを殴ったんだ」と Sam を殴ろうとしたが，そういう一家の悪しき 'family tradition' は，ここで断ち切らねばならないと思い，Sam を殴るのを思いとどまった場面である．

(62) ... I never won the game. Never. And if he couldn't make me smaller with words, ... (= (39))

しかし，もしここで Sam を殴っていた場合には，Horn (1989: 564) の (21) の例のように，身体的動作のトークンを示し，その動作のタイプを指示することになる．

(63) George: If he couldn't make me smaller with words, [hits Sam in some manner].

つまり，まず次のような George が Sam を殴る行為のトークン t がタイプ T を例示する．

(64) token t: At l_0, George hits Sam in some manner
Type T: [At **l, x** hits **y** in some manner]

そして，そのタイプ T のより特定されたサブタイプ T′ を介して，George の父親が George を殴った行為 t′ が指示される．

(65) Type T′: [At **l,** George's father hits George in some manner]
token t′: At l, George's father hits George in some manner

この場合のタイプ T, T′ とトークン t, t′ の関係は図2のような関係になる．

4.3. 発話行為の手順指示

Noh (2000: 191-194) は，次のような条件文の発話では，帰結節は通常の条件文と異なり，メタ表示になっていると説明している．

(66) a. [The door bell is ringing.]
Mary to Jane: If that's John, I'm not here.
b. If anyone talks to you about the treasure map, you don't know anything about it, you have never heard of it.

つまり，帰結節は次のような 'I am not here' という表示をそれ自身の内に含むメタ表示になっているというのである．[15]

(67) If [that's John], [you tell him I am not here]

日本語でも同じような条件文は考えられるが，(32), (39) に対応する日本語の場合と同じく，引用であることが通例明示される．

(68) ジョンだと，(あなたが言うのは)「私はいない」ですよ．

　このような条件文の発話は，(58) のように，条件節の発話に続く帰結節で身体行為のデモンストレーションを行っている例と基本的には同じである．異なるのは，(58) の帰結節が，身体的動作のデモンストレーションであるのに対し，(66) の帰結節では，発話という言語行為のデモンストレーションであるという点である．このことを少し詳しく説明すると，(66a) のような条件文の発話の背景には，「John が来たら，居留守を使え」という行動規則があると考えられる．そして，Mary は Jane にこの行動規則を説明するために，(66a) の発話において，まず条件節を発話し，続く帰結節では発話のデモンストレーションにより Jane がすべき発話のタイプを例示している．

(69) Mary: If that's John, [demonstrates what to tell him by uttering 'I

---

[15] Geis and Lycan (2001: 191) にも次のような似た例が見られる．
　(i) If Peter asks you, I did receive his letter.
これは，次のように帰結節はメタ表示として解釈される．
　(ii) If [Peter asks you], [you tell him I did receive his letter].
しかし，(66) の例と異なり，話しては (iii) のような真正の主張行為を遂行している．
　(iii) I assert I did receive his letter.
この (i) の例は，後の 7 節で考察するビスケット条件文の一種と見ることができ，Geis and Lycan (2001: 191) もそのように分類している．
　なお，(66) の例は，真正の発話行為を遂行していないという点で，(32), (39) と同種の例として分類できる．詳しくは，中島 (2014) を参照のこと．

am not here']

つまり発話のトークン t により発話のタイプ T を例示し，そのタイプ T を介して Jane のなすべき発話のタイプ T′ を指示しているのである．

(70) token t: Mary demonstrates what to tell him by uttering 'I am not here.'
At l_0, Mary tells Jane she (=Mary) is not here
Type T: [At **l**, **x** tells **y** Mary is not here]
Type T′: [At **l**, Jane tells John Mary is not here]

この T′ は T のサブタイプで，'I am not here'(= Mary is not here) という表示を含むメタ表示になっており，帰結節として条件文の中に組み込まれる．同時に，Mary は Jane にメタ表示の表す発話行為を遂行するよう指示しているので，条件文全体の発話は，(71) に示すように命令の発話の力を持つ．

(71) !(If [at **l**, that is John], [at **l**, Jane tells John Mary is not here])
= I require [if that is John, you tell him I am not here].

ここで，命令の力を表す I require の部分は，Mary が含意として伝えようとしている発話の意図に関する情報である．

Noh は，また，次のような帰結節が疑問文の例をあげている．

(72) [The door bell is ringing. Jane knows that Mary does not want to see John]
Jane to Mary: If that's John, are you not here?

同様の日本語の例としては，次が考えられる．

(73) a. ジョンだと，(私が言うのは)「あなたはいません」ですか．
b. ?ジョンだと，あなたはいませんか．

日本語の (73a) で,「か」の疑問の力は条件節を含めた文全体に及んでいるように, (72) の Jane の発話でも質問の力は全体に及んでいるので, 基本的には (71) の表示にさらに質問の力が加わったものになる. したがって, 帰結節における Jane のデモンストレーションは, 実質的には (66a) の Mary の発話の場合と同じである. つまり, (74a) のように発話の力 '?' を省いた発話 'you are not here' を想定し, それによって「John にこれこれのことを言う」ということを例示していると考えられ, (74b) のように, 発話の力 '?' を含めて「Mary に対して質問する」ということを例示しているわけではない.

(74) a. Jane demonstrates what she should tell John by uttering 'you are not here'.
 b. Jane demonstrates to ask Mary what she should tell John by uttering 'are you not here?'.

そうすると (70) と同じように, (74a) により Type T を介して Type T′ が指示される.

(75) token t: At l_0, Jane tells Jane she (=Mary) is not here
 Type T: [At **l**, **x** tells **y** Mary is not here]
 Type T′: [At **l**, Jane tell John Mary is not here]

そして, T′ のメタ表示を帰結節として取り組むことにより (76) のような解釈になり, 質問の発話の力は, 前節の説明であげた作業員が自分の行動の確認を求める場合のように, 条件文の発話全体に及ぶ.

(76) ?(!(If [at **l**, that is John], [at **l**, I tell John you are not here]))

これを遂行文でパラフレーズすると次のようになる.

(77) I ask you whether you require me to tell John you are not here if

that is him.

つまり,「ジョンだったら,あなたはいないと彼に言うよう頼んでおられるかどうか尋ねます」という意味で,「... かどうか尋ねます(I ask you whether ...)」の部分の情報は疑問文という形式(つまり,語順転倒)によって明示的に示されている。[16]

もし (74b) のようなデモンストレーションであれば,Jane の発話は,次のように帰結節が質問行為のメタ表示になった条件文の発話ということになる.

(78) ⊢ (If [that is John], [I ask you whether I should tell him you are not here])

これは,「もしジョンだったら,(そのとき)あなたはいないと言うべきか尋ねます」という意味で,(72) の Jane の発話の解釈ではない。[17]

---

[16] 参考までに,Noh (2000: 204) による (72) の例の説明を見ておきたい.Noh によると,まず (72) は次のように帰結節に (Mary から Jane への) 依頼の解釈が入った形に分析される.
  (i) The following would be a relevant thought if true:
      If [that's John], [you want me to tell him you are not here]
これは,さらに次のように分析される.
  (ii) The following would be a relevant thought if true:
      The following is a desirable state of affairs [to Mary]:
      If [that's John], [I tell him you are not here]
そして,このような解釈は,次のように 'you want me to make it true ...' というメタ表示が 'I want know whether ...' という表示の中に埋め込まれた 2 層のメタ表示に解釈されるという.
  (iii) I want to know whether you want me to make it true that if that's John, I tell him you are not here.
つまり,(76) のように '?(!(P → Q))' という形の解釈になる.

最終の解釈は本論の考え方と同じであるが,それにいたる過程が不明瞭である.例えば,(i) では帰結節の中に入っている you want me ... という依頼を表す表示が (iii) では条件文の外にあるが,なぜそうなるかが明示されていない.

[17] 開条件節で,帰結節が遂行文になっている条件文の解釈については Declerck and Reed (2001: 425) を参照.そこでは,次のような例があげられている.

Noh (2000: 200) は，また，次のような帰結節は話し手自身の発話のメタ表示を表すとしている．

(79) If you are the winner, "Congratulations!"

これは，前節の (32) と基本的には同じで，次のように解釈される．

(80) ⊢ (If [at l, you are the winner], [at l, I say *Congratulations!*])

このような条件文のもとには，「勝者は，祝福せよ」といった行為規則があり，話し手は，そうした規則に従って祝福行為を行うと言っているのである．(81a) のような条件文の発話では，聞き手に対し，規則に従って祝福行為を行うよう指示することになり，(81b) のような表示になる．

(81) a. If John is the winner, "Congratulations!"
     b. !(If [at l, John are the winner], [at l, you say *Congratulations!*])

次節に行く前に，この節での要点をまとめておく．ここで扱った条件文の発話は，次のように条件節の発話行為と行為のトークンによる例示（行為）の2つが並行して行われていると考えられる．

(82) If-節の発話行為 → ［(発話) 行為のタイプ］
                              ↑
                     (発話) 行為の例示 (demonstration)

そして例示によって示された行為のタイプが条件文の帰結節として取り込まれる．行為の例示は，(58) の例では身体的行為の例示であるが，(66) など

(i) If she takes part in the race, I bet she comes in last.
そして，「この例で，開条件節は，帰結節を発話するための必要条件を表す (*Here, the open P-clause expresses a necessary condition for uttering the Q-clause.*)」と説明されている．したがって，条件節が満たされて初めて帰結節の発話行為は効力を持つということで，発話時においてはまだ主節の発話行為は遂行されていないということになる．

の例では発話行為である．特に，発話行為の例示では，示されるタイプはメタ表示となる．

5. 開条件節の発話行為条件文
5.1. 帰結節が身体的動作・行為の場合

Geis and Lycan (2001: 192) は，次のような帰結節が身体的動作・行為の例をあげ，そうしたものも発話行為条件文の延長上として可能ではないかと述べている．

(83) a. [Belches explosively] ... if you'll excuse me.
　　 b. [Holds out lighter] ... if I may.

このような場合，前節 4.2 の手順指示の例と同じように，身体的動作・行為のトークンによってそのタイプが指示され，条件文の中に取り込まれていると考えることができる．例えば，(83a) の場合，次の (84a) のように「げっぷ動作」の例示を行う動作のトークン t により状況タイプ T が指示され，そのサブタイプ T′ が (84b) のように帰結節として条件文に組み込まれる．

(84) a. token t: At l_0, Sp belches.　　　(Sp = Speaker)
　　　　 Type T: [At **l**, **x** belches]
　　　　 Type T′: [At **l**, Sp belches]
　　 b. If [at **l**, you'll excuse me], [at **l**, Spbelches].

ただ前節の例と違って，(83) の場合，その身体的動作は正真正銘のものであって，単にタイプを指示するための見せかけの行為ではない．4.2 節のヒューズの取り替え指示の例でも，取り替え手順を仕草で示すのではなく，実際に手順を実行してみせることも可能である．その方がより具体的に取り替え動作を確認できる．

(85)　If the lights go out, break the circuit before removing the fuse.

(= (56a))

その場合，(86a) のように条件節を発話し，そのあと無言で取り替え作業を実行するか，あるいは，料理の実演と同じく (86b) のように動作を確認する発話が伴っても良い．

(86)　a.　John: If the lights go out, [actually breaks the circuit and removes the fuse]

　　　b.　John actually breaks the circuit and removes the fuse, and simultaneously he utters, 'If the light go out, (I) break the circuit and remove the fuse.'

いずれにしても，John が実際に行う取り替え作業の行為 t が例示を行うことになり，その作業のタイプ T を指示することになる．

(87)　token t: At l_0, John (actually) breaks the circuit and removes the fuse.

　　　Type T: [At **l**, **x** breaks the circuit and removes the fuse]

結果として，発話と取り替え動作とからなる (86) の一連の行為は，そのタイプ T を取り込んだ一般的作業手順を示す (88) のような表示を表すことになる．

(88)　If [at **l**, the lights go out], [at **l**, **x** breaks the circuit and removes the fuse]

これはまた (85) の条件文の意味の表示と同じである．

　ここで注意すべきは，4.2 節の (58) の場合と同じく，ヒューズを取り替える行為と条件文を発話する 2 つの行為が同時並行的に遂行されているということである．このことは，(83) の例についても同様で，身体的動作と

条件文の発話の2つが平行して遂行されている．さらにもう1つ注意すべきは，(58) ではヒューズを取り替える「そぶり」によって行為のタイプを例示するだけであったのに対し，(86) ではタイプの例示だけでなく，実際にヒューズを取り替えている．(83a) でも実際にげっぷが出てしまっているし，また，(83b) では，ライターの火を差し出す行為が実行されており，それが同時に動作・行為のタイプの例示になっているのである．言い換えると，条件文の帰結節となる動作・行為のタイプを例示するトークンは，動作・行為の実行と例示の2つの役割を果たしていると言える．

(89)　If-節の発話行為　→　［動作・行為のタイプ］
　　　　　　　　　　　　　　　　　↑↓
　　　　　　　動作・行為の実行と例示（demonstration）

ここで'↑↓'は，一種の反射的関係を表す．4.2節では，行為のトークン t はタイプ T 例示し，その T を介してその事例となる別のトークン t' を意味した．これに対し，(83)，(86) では，トークン t はそれ自身が意味されたタイプ T の事例 t' になっていると考えることができ，意味するものと意味されるものとが同じで反射的な関係にある．

次に見る発話行為条件文では，身体的動作・行為に代わって，発話が発話行為の遂行とそのタイプの例示の2つの役割を果たしている．

5.2. 帰結節が発話行為の場合

まず，(90) のような帰結節が平叙文の発話行為条件文を例えば John が発話した場合を見てみたい．

(90)　If I may say so, that's a crazy idea.　(= (3a))

その場合，(86) において帰結節で身体的行為が実演されたのと同じように，条件節 If I may say so の発話とは独立した別の行為が帰結節では実行され

第 1 章　発話行為条件文（speech-act conditionals）のメタ表示分析　　49

ていると考えられる．[18]

(91)　John: If I may say so, [John says(sincerely) that's a crazy idea]

ただ，(86) と違って，(91) では帰結節の行為は身体的動作ではなく，4.3 節の例 (66) の場合のように，that's crazy idea という文を発話する言語行為であるため，if-節の発話とは別レベルの行為であることが見かけ上分かりにくくなっている．そして，(86) の帰結節の身体的行為が行為の実行と状況タイプを同時に例示したように，(91) の帰結節の発話も，if-節とは独立した発話行為を遂行すると同時に，発話のトークンとしてデモンストレーションを行い，状況タイプ T，さらにそのサブタイプ T′ を例示する働きをしている．[19]

(92)　token t: At l_0, John says that is a crazy idea.
　　　Type T: [At l, x says that is a crazy idea]
　　　Type T′: [At l, John says that is a crazy idea]

このように帰結節が発話行為を遂行しているという点で，発話のタイプを例示しているだけの (66) とは根本的に異なっている．

この (92) で例示されたタイプ T′ は 'that is a crazy idea' という表示を

---

[18] 帰結節が独立した発話行為を遂行しているという見方については，Sweetser (1990: 118-121), Dancygier (1998: 89-93), Geis and Lycan (2001) などを参照．例えば，Geis and Lycan (2001) は次のように述べている：

　　An NCC's consequent is itself alone used to perform the main speech act, while the antecedent for some reason picks out and articulates an illocutionary felicity condition on the performance of the main speech act.
　　　　　　　　　　　　　　　　　　　　　　　　　　　　　(Geis and Lycan (2001: 189))
NCC (nonconditional condition) は本論でいう発話行為条件文やビスケット条件文を指す．

[19] Sweetser (1990: 121) は，発話行為条件文について次のように説明している：All speech-act conditionals have in common the fact that they are appropriately paraphrased by "If [protasis], then let us consider that I perform this speech act (i.e., the one represented as the apodosis). ここで Sweetser が 'let us consider …' と言っているのは，帰結節の発話がデモンストレーションの働きをしているという意味にとれると思う．

埋め込んだメタ表示になっており，if-節に続く帰結節として条件文の中に取り込まれることになる．

(93)　John: If at l, I may say X, [at l, I say that is a crazy idea]
　　　　　　　　　　　　↑↓
　　　　　　I say, 'That is a crazy idea.'　(X = that is a crazy idea)

このように，(90)の発話行為条件文の発話で，Johnは，条件文の主張と帰結節の主張の2つの発話行為を遂行している．これは，(83)，(86)の例で，動作・行為の実行と条件文の発話とが並行的に行われていたのと同じである．また，'↑↓'の示すように，発話 'That is a crazy idea.' は，それ自身が例示した発話行為のタイプの事例になっているという反射的関係にある．

次のような帰結節の発話行為が質問とか依頼の発話行為条件文についても同様に考えることができる．

(94) a.　If it's not rude to ask, what made you decide to leave IBM?

　　　　　　　　　　　　　　　　　　　　　　　　　　　(= (3b))

　　　b.　Open the window, if I may ask you to.

　　　　　　　　　　　　　　　　　　　　　(van der Auwera (1986))

これらにおいても，それぞれ質問，依頼行為が帰結節の発話で遂行され，そのトークンとして遂行された発話行為はタイプを例示する働きをしている．そして，その例示されたタイプがメタ表示として条件文の中に取り込まれる．

(95) a.　If at l, it's not rude to ask X, [at l, I ask you what made you decide to leave IBM]
　　　　　　　　　　　　↑↓
　　　　　　(I ask you), 'What made you decide to leave?'
　　　　(X = what made you decide to leave IBM)

b. If at **l**, I may ask you to do X, [at **l**, I ask you to open the window]

$$\uparrow\downarrow$$

I ask you, 'Open the window.'

(X = open the window)

帰結節が主張行為の発話行為条件文と同様，これらの場合も，帰結節で遂行される発話行為は，単にタイプを指示するための見せかけの行為ではなく，真正の質問行為，依頼行為である．

以上をまとめて，これらの発話行為条件文の発話で，実際に主張されている内容を整理すると次のようになる．

(96) a. ⊢ (If at **l**, I may say X, [at **l**, I say that is a crazy idea])

(X = that is a crazy idea)

b. ⊢ (If at **l**, it's not rude to ask X, [at **l**, I ask you what made you decide to leave IBM])

(X = what made you decide to leave IBM)

c. ⊢ (If at **l**, I may ask you to do X, [at **l**, I ask you to open the window])   (X = open the window)

これらの表示で，特に帰結節は，メタ表示であるだけでなく，4.3 節の (66) と異なり，その表示の中には発話の力の表示も含まれている．[20] そして，そのようなメタ表示は実際に遂行されている発話行為により例示されたものである．このことを (96a) を例に取り図式的に示すと次のようになる．

---

[20] 明示的ではないかも知れないが，(96a) の I say は「主張」，(96b) の I ask は「質問」，(96c) の I ask は「依頼」の力をそれぞれ表している．

(97)　⊢ (P → ⊢Q)
　　　　　↑↓
　　　　　⊢Q

　一方，(97) のような条件文の背後には，礼儀作法に関する次のような一般的な規則，すなわち規範があると考えられる．

(98) a.　!(If you may say X, say X)
　　 b.　!(If it is not rude to ask X, ask X)
　　 c.　!(If you may ask x to do X, ask x to do X)

これらは規範であるので，発話の力は命令（!）になる．(97) の条件文の発話の力は，主張（⊢）であるが，これは，(開条件節の) 発話行為条件文が「話し手が自分の遂行する発話行為は，(98) の規範に従った礼儀正しい行為である」と説明するものであるからである．

　発話行為条件文の背後にある規範条件文には，礼儀作法に関するもの以外に種々のものがある．例えば，次のような発話行為条件文では，背後に Searle (1969: chapter 3, 1979: chapter 2) のいう発話行為の適切性条件 (felicity conditions) に関するものもある．

(99) a.　If I haven't already asked, will you tell me when you're leaving?　　　　　　　　　　　　　　　　　　(Tedeschi (1974))
　　 b.　If I haven't already asked you to do so, please sign the guest book before you go.　　　　　　　　　　　　　　　(= (3c))

これらの条件節で言及されているのは，適切性条件の中でも，帰結節の質問とか依頼行為を遂行するための準備条件（preparatory condition）に関する事柄である．その背後には次のような規範条件文があると考えられる．

(100) a.　!((Only)If you have not asked X, ask X).
　　　b.　!((Only)If you have not asked x to do X, ask x to do X).

つまり，二重に依頼行為がなされることを防ぐもので，次のように言い換えても良い．

(101) a. ！(If you have already asked X, don't ask X)
b. ！(If you have already asked x to do X, don't ask x to do X)

5.3. 開条件節を持つ発話行為条件文の働き

次に，発話者が自身の遂行する行為を正当化する (96) のような形の条件文がコミュニケーションの場においてどのような働きをしているか考えてみる．まず，そうした条件文の形に注目すると，条件節が開条件節で帰結節が発話遂行文であるような (102) の条件文と同じ形をしている (Declerck and Reed (2001: 327) の例).

(102) a. If she takes part in the race, I bet she comes in last.
b. If my niece comes to the party, I ask you to stay away from her.

こうした開条件節は，帰結節の発話行為が遂行される条件を表しており，帰結節の発話行為は，その開条件節の表す事態が生じたときに効力を持ってくる．これは，(102) において，帰結節の発話行為の力は，帰結節の中だけに及ぶもので，条件文全体の発話の力は if-節が帰結節の発話行為遂行の条件であることを述べる主張の力を持っているということである．したがって，帰結節の発話の力 F の掛かり方は次のように図示できる．[21]

(103)　⊢ (P → F(Q))

次に，(102) の条件文の解釈をもとに，(96) の形をした次の条件文が実

---

[21] (98) では，帰結節だけに及ぶ発話の力は無く，命令・依頼の力（！）が条件文全体に及んでいる．そのような条件文 '！(P → Q)' の解釈は，「条件文 '(P → Q)' が真になるように行動せよ」という意味で，(103) のような条件文，例えば次のような形の条件文の解釈とは異なる．

(i)　⊢ (P → ！Q)

際の言語使用の場でどのような働きをするか見てみる.

(104) a. If I may (say), I say that is a crazy idea.
   b. If it's not rude (to ask), I ask you what made you decide to leave IBM.
   c. If I may (ask you to), I ask you to open the window.

条件文全体の発話の力と帰結節の発話の力の掛かり方は, (103) と同じと考えられるので次のように図示できる.

(105) a. ⊢ (P → ⊢Q)
   b. ⊢ (P → ?Q)
   c. ⊢ (P → !Q)

(102) の条件節は一種の適切性条件で, 帰結節の発話行為が適切に遂行されるための前提となるものであるが, (104) の条件節は, 礼儀作法に関するもので, 条件節が満たされなくても礼儀作法に反するだけで帰結節の発話行為を遂行することは可能である. さらに, 発話行為の性質からして, (104) の条件文を口にしてしまうと, 見かけは条件節が満たされて初めて帰結節の行為が遂行されるという形をしていても, 実質は, 帰結節の発話行為が遂行されたのと同じ効果を持つ.

　実際の使用においては, (104) のような条件文が用いられるのはまれで, 一般には, 次のような帰結節に仮定法の would を持つ条件文が用いられる.

(106) a. I would say he's rather mouse-like, if you can say that of someone who's over six foot tall.

(Declerck and Reed (2001: 423))

   b. Wargrave: If Miss Claythorne suspects one of us three, that is rather an awkward question.
      Vera: I'm sure it isn't any of you. <u>If you ask me who I</u>

第1章　発話行為条件文 (speech-act conditionals) のメタ表示分析　　55

suspected, I'd say Doctor Armstrong.

(A. Christie, *And Then There Were None*)

これらの条件文でも，開条件節の条件が満たされれば，発言行為を遂行することになると述べる形になっているが，実質は次のような発話行為を遂行するのと同じである．

(107) a. I say he's rather mouse-like.
　　　b. Vera: I say (it is) Doctor Armstrong (that I suspected).

　ちなみに，Greenbaum (1969: 82-84) は，(108) のような文体離接詞 (style disjuncts) を含む文に対応する形の1つとして (109) のような条件文をあげている．

(108) a. Confidentially, she is very stupid.
　　　b. Frankly, she isn't very stupid.
(109) a. If I may speak confidentially [I would say (that)] she is very stupid.
　　　b. If I may be frank, [I would say (that)] she isn't very stupid.

この Greenbaum のパラフレーズによれば，(109) のような条件文の発話では，事実上，(108) の発話と同じように主張の発話行為 "She is/isn't stupid." が遂行されているということになる．

　このように見てくると，(110) の発話行為条件文と (111) の帰結節のメタ表示を明示した条件文とは，実質的には同じと言える．

(110) a. If I may say so, that's a crazy idea.　　　　　　　(= (3a))
　　　b. If it's not rude to ask, what made you decide to leave IBM?
　　　　　　　　　　　　　　　　　　　　　　　　　　　(= (3b))
　　　c. Open the window, if I may ask you to.　　　　　(= (94b))
(111) a. If I may, I (would) say that's a crazy idea.

b. If it's not rude, I (would) ask what made you decide to leave IBM.
c. If I may, I (would) ask you to open the window.

発話行為条件文の (110) では，前節で確認したように条件節の発話と真正の発話行為が同時並行的に遂行され，その（トークンとしての）真正の発話行為の例示によるタイプが帰結節として条件文に組み入れられる．これに対し，(111) では，通常の形の条件文が発話され，帰結節の発話行為が遂行されたのと同じ効果を一種の含意として持つ．このことを，(110a) と (111a) について，図式的に示すとそれぞれ次のようになる．

(112)　発話 a:　If I may say so, [I say that's a crazy idea].
　　　　　　　　　　　　↑↓
　　　発話 b:　　　　　　"That's a crazy idea."

(113)　発話：If I may, I (would) say that's a crazy idea.
　　　　　　　　　⇩
　　　含意：That is a crazy idea.

(110) と (111) のいずれにおいても，主眼は帰結節の発話行為にあり，条件節は儀礼的なもので，(110) の条件節においては一層慣用化が進んでいると言える．これは，条件節が真となる状況で初めて帰結節の発話行為が遂行されるという一種の偽装を行っているとも言える．

ただし，条件節が帰結節の行為の適切性条件を表す次のような発話行為条件文の場合は少し事情が違っている．

(114)　If I haven't already asked you to do so, please sign the guest book before you go.　　　　　　　　　(= (3c))

もし名前を記入することを頼んでしまっていた場合，依頼行為は成立せず不発に終わる．こうした発話行為条件文は，帰結節が遂行節になっている次の

例と同じと考えられ，(102) の例で見たように条件節が真であるような状況において初めて帰結節の依頼行為は効力を持つ．[22]

(115) If I haven't already asked you to do so, I ask you to please sign the guest book before you go.

この場合，聞き手の側に立つと，if-節の条件が満たされているかどうかは明白なので，満たされている場合には，帰結節の依頼行為は実質的な効力を持つ．[23]

問題は，(114) の発話において，(115) の帰結節のようなメタ表示がどのようにして得られるかということである．1つの考えは，命令文の意味表示として発話の力を含むようなメタ表示を設定することである (e.g. [I order you to please sign the guest book …])．もう1つは，適切性の条件が満たされている場合は，(90) などの発話と同じく，帰結節の発話は真正の依頼行為を遂行すると同時に発話行為のタイプを例示し，満たされていない場合は，(3.2.2 節で見た例のように) 真正の行為ではなく単にタイプを例示する見せかけの行為になるとする考え方である．これまでの本論の考察をもとに

---

[22] Holdcroft (1978: 92-96) によると，次のような開条件節の条件文は条件付き命令 (conditional command) と解釈され，条件節は帰結節の命令が効力を発揮する条件を述べているという．
  (i) If you walk past the post office, post the letter!
つまり，(i) は，「実質含意を真にするようにしなさい」という意味で，!(If P, then Q) のように命令の力は条件文全体に掛かるのではなく，次のような帰結節が遂行文であるような条件文としと解釈されるということである．
  (ii) If you walk past the post office, I ask you to post the letter.
これは，すでに見たように，発話の力が ⊢(P → !Q) のようにかかるということである．

[23] Geis and Lycan (2001: 188) の次の例では，話し手は条件節の適切性条件が満たされ相手が聞いていると想定して，真正の発話行為を遂行していると考えられる．
  (i) If you're listening, I'd like to be picked up now. (said to a telephone answering machine in the hope that its owner is home and listening in.)
しかし，聞き手がいない場合には独り言と変わりなくなる．この条件文は，帰結節の発話が一種の間接発話行為として if-節とつながっており，7 節で考察するビスケット条件文の例と考えられる．

すると，後者の考え方が妥当のように思われる．

5.4. 発話行為条件文の様々な例

前節までの議論をふまえて，開条件節を持つ発話行為条件文についてのまとめと注意すべき点をいくつか見ておきたい．

5.4.1. まず，開条件節の内容についてみてみると，大きく i) 後件の発話行為遂行の許可を求めたり意向を確かめるもの，ii) 相手の気持ちに対する配慮を表すもの，iii) 適切性条件を表すもの，に分けられる．前節の議論でそれぞれの具体例は一通り見たが，もう一度いくつかの例を挙げ，整理しておく．

i) 許可を求めたり意向を確かめるもの：

(116) a. *Ugarte*: You are a very cynical person, Rick, if you will forgive me for saying so. (*Casablanca*)
  b. If you'll pardon the liberty, Sir, I think her ladyship should rest.
   (I. Murdoch, *The Servants and the Snow*)
  c. If I can speak frankly, he doesn't have a chance.
   (van der Auwera (1986))
  d. Well, she was engaged to be married if that answers your question. (A. Christie, *Murder in the Mews*)

(117) a. 'An American doctor?'
  'That's it—Nicholson his name is. And *if you ask me, Mr Hawkins, there are some very queer goings on there.*'
   (A. Christie, *Why Didn't They Ask Evans?*)
  b. Well, of course she was a nice lady too, but much more abrupt if you know what I mean. And *if you ask me, sir, what you are thinking is all wrong.* (A. Christie, *Murder in the Mews*)

第 1 章　発話行為条件文（speech-act conditionals）のメタ表示分析

  c. *Armstrong*:　and where's Rogers? He ought to be about.
   Blore: 　　　*If you ask me, Master Rogers was pretty badly rattled, last night.*

(A. Christie, *And Then There Were None*)

  d. *Al*:　　If you ask me, you're a quack.
   Willie:　If I was a duck I would ask you … Now roll up your sleeve, I wanna take some blood.

(Neil Simon, *The Sunshine Boys*)

ii)　相手の気持ちを配慮するもの：

(118) a. Dear Oriane, if it's any consolation at all to you, I am so deeply happy to return here to think that I shall run the estate and live in my own real home at last—

(I. Murdoch, *The Servants and the Snow*)

  b. Erin, to Ed:　… And as long as I have one ass instead of two, I'll wear what I like if that's alright with you. (*Erin Brockovich*)

  c. *Rick*:　If you don't mind, Louis, you fill in the names.

(*Casablanca*)

  d. You know, if you won't be offended at my saying so, you're my fancy.　　(A. Christie, *And Then There Were None*)

  e. You're an odd fish, you know, if you don't mind my saying so.

(T. Rattigan, *Table Number Seven*)

iii)　適切性条件を表すもの：

(119) a. Make your bed, if you haven't already.　　(Tedeschi (1974))

  b. If I haven't already asked, will you tell me when you're leaving?　　　　　　　　　　　　　　(Tedeschi (1974))

  c. If you're reading this, it's a Carolina-blue day here in Chapel

Hill. (Uttered, say, over e-mail, when the speaker doubts whether the message is going through ….)

(Geis and Lycan (2001: 188-189))

(i), (ii) の if-節は, ポライトネスに関するもので, その条件が満たされていようがいまいが, 帰結の発話で遂行される発話行為には実質的な影響はないので, 一種の「お飾り」と言えなくもない. これに対し, (iii) の if-節の場合は, 条件が満たされないと, 発話行為は無効になる. それ故, if-節を付けて帰結節の発話行為は条件が満たされたときに有効であるという形になっており, 条件が満たされない場合の対応策を講じているわけで, if-節は「お飾り」以上の役割を果たしている.

5.4.2. 発話行為条件文においては, 条件節と呼応する帰結節の発話行為は文字通りの発話行為ではなく, 間接的に遂行される発話行為の場合がある. 例えば, 次の例では, 条件節と対応しているのは, 文字通りの質問行為ではなく, 依頼行為になっている.

(120) a. If you don't mind my asking you to, will you take out the garbage? (Tedeschi (1974))
　　 b. Will you see what's wrong with Jane, if you haven't already?
(Tedeschi (1974))

すなわち, (120) における発話の掛かり方は, (121a) ではなく (121b) のように解釈される.

(121) a. $?(P \rightarrow Q)$
　　 b. $\vdash (P \rightarrow !Q)$

したがって, 次のように言い換えることができる.

(122) a. If you don't mind, I ask you to take out the garbage.

b. I ask you to see what is wrong with Jane, if you haven't already.

つまり，(120) の場合，帰結節の質問行為は依頼行為として解釈され，その依頼行為が行為のタイプを例示するトークンになっている．7節のビスケット条件文でも，帰結節の発話において間接的に遂行されている実質的な発話行為を考慮しなければならないので，この問題はそこでもう少し詳しく考察する．

5.4.3. 発話行為条件文に似たものに，次のような条件文がある．

(123) Sam: I'm moving. If you'll excuse me, I'd better go back upstairs. If I'm not supervising these guys, they'll carry out the kitchen sink.
(N. Meshkoff, *Hopes, Love and Dreams in New York*)

このような条件文では，次のように had better に代えて have to/be going to などが用いられる．

(124) a. If you'll excuse me, I have to go back upstairs.
b. If you'll excuse me, I'm going to go back upstairs.

こうした条件文のもとには，次のような行動規範があると考えられる．

(125) If the hearer excuses you for doing X, do X.

この X は言語行為以外の行為でもよく，先に見た (83a) はそうした例である．

(126) [Belches explosively] ... if you'll excuse me. (= (83a))

この場合，帰結節の行為のトークンによって例示されたタイプが条件文の中

に表示として取り込まれ，次のような条件文ができると考えた．

(127)　⊢ (If at l, you'll excuse me, [at l, I belch]).

これと同じように，(123) の例でも次の (128) のように条件節の発話に続いて行為を実行し，(129) のような条件文を作ることが考えられる．

(128)　Sam: If you'll excuse me, [goes back upstairs]

(129)　⊢ (If you'll excuse me, [I go back upstairs])

ところが，「2階に戻る」という行為は時間的にも空間的にもかなり広がりのある行為であるので，ひとつの発話状況には収まりがたい．実際に，条件節の発話に続いて数秒かけて2階に上がっていくとすると，ひどく間の抜けたことになってしまう．代わりに，次のように，断りとその理由を言ってから行動を取るのが普通である．

(130)　Sam: Will you excuse me?　I have to go back upstairs—[goes back upstairs]

(123) の条件文は，これに代わるものとして，まず条件節を発話し，理由を述べる発話でもって帰結節に入るべき行動のタイプを指示していると考えられる．

(131)　If you'll excuse me, [at l, I go back upstairs]
↑
I say I'd better go back upstairs

もしこのような分析が正しいとすれば，一種の延長指示が行われていると言える．

5.4.4. 条件文 (P → Q) の条件節 P が帰結節 Q の単語とか発音についてのコメントをしている条件文を Declerck and Reed (2001: 353-355, 423)

は，'metalinguistic-P conditional' とよんでいる．

(132) a. If I might borrow one of my son's expressions, that's a load of crap. (Declerck and Reed (2001: 423))
b. When I taught at the University of Florence, my parish church, if I may so describe it, was San Miniato, located on a hill overlooking the city, and one of the most stunning edifices in all of Florence. (Searle (1998) *Mind, Language and Society: Philosophy in the Real World*)

このような条件文では，条件節 P は帰結節 Q と直接つながっているのではなく，Q の発話の部分発話 Q′ のタイプとつながっていると考えられる．例えば，(132a) の例では，帰結節の発話の一部分である 'a load of crap' を取り出し，その発話のタイプが条件節とつながっている．他方，帰結節の発話全体は主張行為を遂行しており，その主張行為は，条件節の発話とは呼応しておらず独立している．

(133) If I might borrow one of my son's expressions, [I say 'a load of crap']
　　　　　　　　　　　　　　　　　　　　　　　　　　　　↑
　　　　　　　　　　　　　　　　　　　I assert that that's 'a load of crap'.

この場合の部分発話 'a load of crap' は，Austin (1960) の発話の階層的区分に従うと，用語行為 (phatic act) と考えられる．

5.4.5. 本論の考え方によると，発話行為条件文の発話では，条件文の発話とそれとは独立した帰結節の発話とが同時並行的に発話されているということであった．このような複数の発話の同時並行は，等位接続構文でも見られる．次の例がそうした例である．

(134) a. We didn't want to have to tell you this, Dave, but the Vice Pres-

ident is mentally unbalanced. (*Dave*)

b. Uh, Marty. This may seem a little forward, but I was kinda wondering if ... if you'dask me to the "Enchantment Under The Sea Dance" on Saturday? (*Back to the Future*)

このような場合，前半からのつながりから考えると，接続詞 but の後は，次に示すように発話行為を表示したメタ表示でなければならない．

(135) a. We didn't want to have to, Dave, but [I tell you, "The Vice President is mentally unbalanced."]
↑
"The Vice President is mentally unbalanced."

b. This may seem a little forward, but [I say, "I was kinda wondering if you'd ask ..."]
↑
"I was kinda wondering if you'd ask ..."

そうしたメタ表示は，but に先行する発話とは独立した後続する別レベルの発話行為のタイプを取り入れたものと考えられる．

5.4.6. 最後に英語の発話行為条件文に対応した日本語の条件文について見ておく．英語の (136) の例に対応する日本語は，(137) の示すように，帰結節はメタ表示であることを明示しなければならない．

(136) If it's not rude to ask, what made you decide to leave IBM?
(= (3b))

(137) a. ?(お尋ねして) 差し支えなければ，なぜ IBM をやめようと決心されたのですか．

b. さしつかえなければ，なぜ IBM をやめようと決心されたのかお尋ねしたい (のですが)．

一般に，日本語では英語に比べメタ表示であることを明示する場合が多いが，次の (138) に対応する日本語では英語と同じような表現になる．

(138)　If I may say so, that's a crazy idea.
(139) a.　言わせて頂ければ，その考えはばかげています．
　　　b.　言わせて頂くと，その考えはばかげています．

この場合，条件節とのつながりを考えると，英語と同じように日本語でもメタ表示として次のように解釈できる．

(140) a.　言わせて頂ければ，[その考えはばかげていますと言います]
　　　b.　言わせて頂くと，[その考えはばかげていますとなります]

6. 閉条件節の発話行為条件文

6.1. 実践的推論

ある命題を前提に推論規則により別の命題を導く「論理的」推論に対し，結論が命題ではなく行為の実行であるような「実践的推論 (practical inference)」と呼ばれる推論がある．[24] まず，黒田 (1992: 36) に従ってその推論の仕組みを見てみる．

(141)　　　　　　　　　実践的推論
　　　大前提　・乾燥した食物はすべての人間が食べるべきものである．
　　　小前提　・これは乾燥した食物であり，私は人間である．
　　　結　論　・私がこれを食べる．（行為）

この例から分かるように，大前提はある条件が満たされるような状況で行うべき行為を指定するもので，小前提はそういう状況があるということを述べ

---

[24] 実践的推論は，アリストテレス『ニコマコス倫理学』第7巻の第3章で論じられているもので，Hare (1971) などがこの推論に関連した問題について考察している．

るものである．これら2つの前提は，命題あるいは文で示されるが，結論は命題とか文ではなく，物理的行為の実行である．

　停電のとき，しかるべき手順で回路を遮断することもそうした実践的推論の一種と考えられる．例えば，停電で誰かが 'The lights went out.' と言った後，John が所定の行為を行った場合もそうした推論を行っていると言える．

(142)　Someone:　The lights went out.
　　　　John:　　［removes the fuse and breaks the circuit］

この場合の John の行為を実践的推論として（143）のような図式で表すことができる．

(143)　　　　　　　　　　Practical Inference
　　　大前提：If the lights go out, break the circuit before removing the fuse.
　　　小前提：The lights went out.
　　　結　論：John removes the fuse and breaks the circuit.

次のような対話において，発話も一種の行為であるから，先行する発話を受けた後続の発話は，実践的推論を行うものと見ることができる．

(144) a.　Burt:　　I'm looking for the captain.
　　　　　Debora:　He's not here.
　　　b.　A:　I'm smart.
　　　　　B:　What was the date of Charlemagne's coronation?
　　　c.　A:　I've finished my homework.
　　　　　B:　Go out and play.

これらの場合，実践的推論の大前提となる行為の規範を述べる命題はそれぞれ次のようなものと考えることができる．

(145) a. If anyone looks for X, tell him where X is.
b. Ask a smart person about anything.
c. If your children finish their homework, allow them to go out and play.

このような命題を大前提とする実践的推論は，例えば，(144a) について見ると，次のような図式で表される．

(146)　　　　　　　　Practical Inference
　　大前提： If anyone looks for X, tell him where X is.
　　小前提： Burt is looking for the captain.
　　結　論： Debora says that he is not here. (Speech Act)

つまり，後行の話し手 Debora は，このような行為規範の命題をお互いに共有している暗黙の大前提とし，それに先行の発話を小前提として加え，結論として自身の発話を遂行しているのである．

6.2. 閉条件節の条件文について

本論では，次のような閉条件節の条件文は前節で見た実践的推論を表すものと考える（(147) の条件節は「電灯が消えないのなら」という意味に解釈する）．

(147) John: If the lights went out, [removes the fuse and breaks the circuit]

(148) a. Deborah Kerr: If you're looking for the captain, he isn't here.
$\hspace{10em}(= (4))$
b. If you're so smart (as you seem to think), what was the date of Charlemagne's coronation?　　　　　(Noh (2000: 181))
c If you've finished your homework, go out and play.

(Tedeschi (1974: 141))[25]

　これらの発話はいずれも，条件節が他者の発話，あるいは思考をエコーしている解釈ができ，(147)の帰結節では身体的行為が実行され，(148)ではそれぞれ主張行為，質問行為，許可行為といった発話行為が遂行されている．この節では，こうした閉条件節の条件文が実践的推論とどのように対応するかを考察する．

　前節の考察をもとに，実践的推論を行為者の立場に立って整理してみると，まずPが真となる状況で行為Xを実行せよという指示が大前提となっている．そして，Pが真であるという知識が小前提として得られると，行為Xを実際に実行することになる．この実践的推論は次のように表示される．

(149)　大前提：!(P → I do X)
　　　　小前提：P
　　　　結　論：I do X

大前提と小前提から結論が導かれるというこの関係を条件文の形で表すと次のようになる．

(150)　[!(P → I do X) and P] → I do X

これは，次の式と同値である．

---

[25] Tedeschiはこの例に関連して次のようなことを述べている：
　　... conditional sentences with aspectual verbs in their antecedents in the present perfect tense are used to invite the 'uninvited' inference that the antecedent be fulfilled.
また，条件節が進行形の次の例についても，'The conditional can function as a suggestion that the antecedent be made to obtain.' と述べている (Tedeschi (1974: 146))．
　　(i) If You're continuing to work on your paper, you should forget about the assignment.
これは，完了相，進行相の条件節は閉条件節と解釈されやすいということのように思われる．

(151) ！(P → I do X) → (P → I do X)

　発話行為条件文（147），（148）は，式（151）の大前提の部分を暗黙の前提とし，帰結部分の '(P → I do X)' を言語化したもので，小前提 P と実行された行為とがある種の必然的な関係にあることを主張していると考えられる．[26]

　こうした考え方に基づいて条件文（147），（148）の表示が具体的にどのようなものか次に考えてみる．まず，問題になるのは閉条件節の働きであるが，Noh（2000）や Declerck and Reed（2001）が指摘しているように，一般に，発話とか思考をエコーする働きをしていると考えられる．[27] エコーの典型的なものとしては，1つは，Noh（2000: 57）のあげる次のような例で，B は A の発話をエコーすると同時に，その主張を是認（endorse）している．

(152) 　A: 　The World Cup makes people mad.
　　　　B: 　The World Cup makes people mad, indeed.

また，次の例で，王子は蛇の言葉を繰り返す（repeat）ことによりエコーしているが，単なる物まねではなく，同時にその言葉の内容を確認している．

(153) 　And he went back to meet the fox.
　　　'Good-bye,' he said.
　　　'Good-bye,' said the fox. 'And now here is my secret, a very simple secret: It is only with the heart that one can see rightly; what is essential is invisible to the eye.'

---

[26] 黒田（1992: 95-96）は，実践的推論における必然性について次のように述べている：「ある実践的な原理を受け入れた者は，しかるべき状況では必ずその原理に従って行為すべきであるという意味で，それ（「必然性」）は規範的な必然性である．しかしまた，原理の知識は人の心に備わる力であって，一定の状況に出会えば，その力は必ずしかるべき行為として発現するはずであるという意味では因果的な必然性である．」

[27] 詳しくは，Noh（2000: 179-191），Declerck and Reed（2001: 53, 83）を参照．エコーと同時に発話行為が遂行されている点については Nakashima（2006）で論じた．

> 'What is essential is invisible to the eye,' the little prince repeated, so that he would be sure to remember.
>
> (A. de Saint-Exupéry, *The Little Prince*, Tr. by K. Woods)

さらに，ことわざとか聖書を引用する (quote) 場合も，エコーしていると言えるが，同時に内容に対し，話し手は自身の心的態度（信念）を表明している．

(154) Jack elbowed Bill, and Bill punched him on the nose. He should have turned the other cheek (as it says in the Bible). Maybe that would have been the best thing to do.

(Sperber and Wilson (1981: 307))

　これらの例から分かるように，エコーする場合，一般に，単なる物まねではなく，同時に何らかの発話行為が遂行されている．閉条件節でもエコーと同時に発話行為が遂行されており，その行為は，確認行為 (confirmation) と考えられる．例えば，次の対話を考えてみたい．

(155) Burt: I'm looking for the captain.
　　　 Deborah: You're looking for him.

この場合，Deborah の確認行為は，相手の発話内容の真偽の確認と，発話行為全体の確認の二通りが考えられる．

(156) a. I confirm it is true that you're looking for him.
　　　　（司令官を捜しているのね）
　　　b. I confirm you say that you're looking for him.
　　　　（司令官を捜しているって言うのね）

(156a) の解釈におけるエコーの関係では，次の図のように Deborah の発言内容対する信念態度 t_d が例示されたタイプ T_t を介して Burt の信念態度 t_b

第1章　発話行為条件文（speech-act conditionals）のメタ表示分析　　71

とつながることになる。[28]

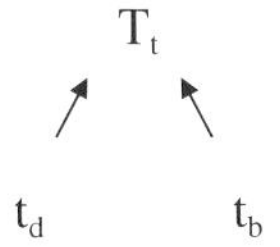

T_t = [it is true that you're looking for him]

図 5

一方，(156b) の解釈では，Deborah の発話 s_d はタイプ T_s およびそのサブタイプ T_s' を介して Burt の発話 s_b とつながる．

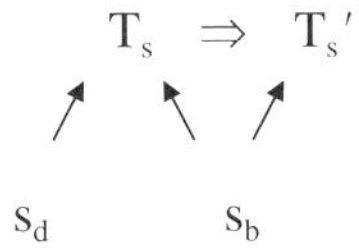

T_s = [x says b is looking for c]
T_s' = [b says b is looking for c]

図 6

以上を踏まえて，次の (157) の対話における Deborah の発話行為条件文について考えてみると，Deborah はまず Burt の発話の確認行為と，それと並行してその行為のタイプを例示し，同時に，そのタイプを if-節に取り込む．そして，確認行為を受けて結論となる主張行為と行為タイプの例示を行い，そのタイプを帰結節として取り込むことになる．

(157)　Burt:　　I'm looking for the captain.
　　　　Deborah: If you're looking for him, he isn't here.

条件文全体の発話としては，確認内容と結論の主張行為との間に必然的な関

---

[28] 'it is true ...' という発話は，命題の真偽に対する態度を表明する一種の遂行行為を行うと考える．

係があることを主張している．これらを図式的に表すと次のようになる．[29]

(158)　⊢ (If [⊢you say you're looking for him], [⊢he isn't here])
　　　　　　　　　　　↑　　　　　　　　　　　　　↑
　　　　　　　⊢You say you're looking for him.　　⊢He isn't here.

　　　　　　　　　　　（⊢ は，'I claim' ないし 'I assert' を表す）

　これは，(156b) の解釈の場合であるが，(156a) の解釈では 'you say' が 'it is true' に代わるだけである．いずれの解釈でも，Deborah は条件文の発話において3つの発話行為（確認行為，結論の主張行為，条件文全体の主張行為）を同時並行的に遂行することになる．[30]

　(148b)，(148c) についても同様に考えることができ，いずれの場合も if-節では確認行為と行為タイプの例示を行い，(148b) の帰結節では質問行為と行為タイプの例示，(148c) では許可行為と行為タイプの例示をそれぞれ行っている．前節で考察した開条件節の場合と同じく，閉条件節の発話行為条件文においても中心となるのは帰結節の発話行為で，確認行為と条件節全体の主張行為は，帰結節の発話行為の正当性を保証し説明する働きをしている．

---

　[29] 本論のように，1つの発話が幾つかの発話行為から複合的に構成されているという分析は，古くは van Dijik (1981: 120-140) などに見られる．
　[30] Declerck and Reed (2001: 81) は，閉条件節の表す世界を 'a theoretical world treated as *assumed* to be identical to the actual world' であるとし，条件節の命題 P を 'P is not *known* to be a fact but is *accepted* ... as being true in the actual world' と規定している．本論では，帰結節で行為が実際に遂行されていることを考慮して，閉条件節の真偽性をもう少し強いものと考えた．実際，Declerck (1984: 285-286) 自身，次のような閉条件節の例では，if 節は理由を表す since 節に近い意味を持つと述べている．
　　(i)　If the lave will come down as far as this, we must evacuate these houses immediately.
ただし，次のように相手の発言を否定するような使い方もあるので，閉条件節の真偽性はコンテクストによるとすべきかも知れない．
　　(ii)　A:　He is innocent.
　　　　　B:　If he is innocent, I'm a monkey's unle.

6.3. 具体例での検証

この節では，閉条件節の条件文の具体例を，特に，閉条件節の条件文の談話上での働きに注目しながら点検し，これまでの考察の妥当性を確認する．

考察では，(157) のように先行する相手の発話をそのままエコーする場合を典型的な例としてみてきたが，実際には，次のように相手の発話の一部をエコーする場合が多い（下線は筆者，以下同様）．

(159) a. *Al*: … You know why we've been doing it [= the sketch] the same way for forty-three years? Because it's good.

   Willie: And you know why <u>we don't do it any more</u>? Because we've been doing it the same way for forty-three years.

   Al: So <u>if we're not doing it any more, why are we changing it</u>?

               (N. Simon, *The Sunshine Boys*)

 b. *Willie*: I'm an actor—I have <u>to act</u>. It's my profession.

   Nurse: Your profession right now is being a sick person. And <u>if you're gonna act anywhere, it's gonna be from a sick bed</u>.

               (N. Simon, *The Sunshine Boys*)

また，次の例では，発話全体の話題を取り出している．

(160) *Avery*: Sonny, you're not the firm's only concern here. We put you into deals with other clients where they may be very sensitive about exposing their relationships to outside attorneys.

  Sonny: You hear that, Counselor [= Mitch]? That's a veiled threat. <u>If you're talking about our friends in Chicago, they don't make money when I pay you fees</u>. You make money when I pay you fees.   (*The Firm*)

次の例では，相手の発話とか態度・行為から推測される相手の思考（内容）をエコーしていると考えられる．[31]

(161) a. *Laura*: You see, I feel he's a "regular fellow" ... whatever that is.
  Herb: You do?
  Laura: If it's sports that matter, he's an excellent tennis player.
                  (R. Anderson, *Tea and Sympathy*)
 b. All I propose is that we should be kind to this poor girl. We must help her to prepare and fit herself for her new station in life. If I did not express myself clearly it was because I did not wish to hurt her delicacy, or yours.   (B. Shaw, *Pygmalion*)
 c. *Ben*: And if you're waiting for a laugh, you're not going to get one from me.   (N. Simon, *The Sunshine Boys*)

次は，推測される相手の心的態度そのものをエコーしている例である．

(162) a. *The speaker, named Congressman Billings, speaks from behind a podium.*
  Billings: If you want to follow along with me, we'll begin on page "i" of the introduction   (*The Firm*)
 b. *Mitch holds his finger up to his lips, motioning for Abby to be silent.*
  Abby: Hey! If you're afraid you'll wake the kids, we don't

---

[31] Noh (2000: 149-150) は，D. Wilson との個人的談話として，行動から推測される相手の思考についてのエコー・クエスチョンの例をあげている．
 [A sees B walking towards the door, and says:]
 You're off to catch the train?

第 1 章　発話行為条件文（speech-act conditionals）のメタ表示分析　　75

have any.　　　　　　　　　　　　　　　　　(*The Firm*)
c.　Al:　Well, listen, it's very good money. It's only a few days' work, I can be back in New Jersey. <u>If you feel you'd like to do it, then my feeling is I'm agreeable.</u>
　　　　　　　　　　　　　　　(N. Simon, *The Sunshine Boys*)
d.　*Nurse*:　I mean, if you're considering getting well again, you have to stop worrying about telephone calls and messages, and especially about when you're going back to work.　　　(N. Simon, *The Sunshine Boys*)
e.　*German*:　I've been in every gambling room between Honolulu and Berlin and <u>if you think I'm going to be kept out of a saloon like this, you're very much mistaken.</u>
　　　　　　　　　　　　　　　　　　　　　　(*Casablanca*)

以上の例では，実践的推論の大前提として次のような行動規範を考えることができる．

(163)　相手が誤解したり間違っているときには，その誤解・間違いを正してやりなさい，あるいは，そのことを知らせてやりなさい．

これを大前提とし，小前提の条件が満たされたときに結論として指示された発話行為を遂行していると考えられる．

　次のような例では，非常に大まかな Grice の言う関係性の公準（Be relevant）のようなものを大前提として考えることができる．

(164)　a.　*Elderly Man*:　You can't talk to my wife like that. Who do you think you are?
　　　　　Countess:　I'm a genuine Countess with a lot of dough, and <u>if that's your wife, she's a tub of guts.</u>
　　　　　　　　　　　　　　　　　　　　(*The Purple Rose of Cairo*)

b. *Erin*: With this real estate stuff, could you remind me, 'cos I'm a little confused exactly how we do it. Why are there medical records and blood samples in real estate files?
   Anna: Erin, you've been here long enough. <u>If you don't know how to do your job by now, I'm not about to do it for you.</u>

   (*Erin Brokovich*)

c. Men's interest in the details of politics, news, and sports is parallel to women's interest in the details of personal live. <u>If women are afraid of being left out by not knowing what is going on with this person or that, men are afraid of being left out by not knowing what is going on in the world.</u>

   (D. Tannen, *You Just Don't Understand*)

(164a) では，相手の発言から含意される発話をエコーしている．(164b) では，相手の心的態度のエコーというよりは，「知らないって言ったって助けてやらない」といった意味合いで，相手の予想される発話をエコーしていると考えられ，「知らないはずはない」という含意を持つ．(164c) では，不特定多数の人の発話をエコーしていると考えられる．これらはいずれも 'If you say …, then I say …' のようにパラフレーズでき，相手と自分の発話を対比させていると見ることができる．[32]

---

[32] 次の (i) の when-節を使った決まり文句も (ii) のように相手の発話と自分の発話を対比させている分析できる．
  (i) *Novak*: This guy has had a rebirth. This is a different fella in the White House now.
      Kingsley: It doesn't happen often, Bob, but *when you're right, you're right*.

      (*Dave*)
  (ii) When you say, "I'm right," I say, "You are right."
      （君がそう言うんならそうだろう）

第1章　発話行為条件文（speech-act conditionals）のメタ表示分析　　77

次の例は独り言を言っている例である．

(165) Cheering a little he rocked round in a U-turn and set off for the return to Paddington Station where he assured me again that the hadn't seen nothing, nor heard nothing neither, and he wasn't going to get involved, did I see?
　　　I simply paid him and let him go, and <u>if I memorized his cab-licensing number it was out of habit, not expectation</u>.
　　　　　　　　　　　　　　　　　(Dick Francis, *Come to Grief*)

このような場合，次のような架空の相手を考えて自問自答する対話を想定すると理解しやすい．

(166)　Hearer:　You memorized his cab-licensing number.
　　　　Speaker:　If (you say) I memorized his cab-licensing number, (I say) it was out of habit, not expectation.

最後に次の例のように if-節に予測を表す will が現れる場合について検討したい．

(167) a. *Rick*:　I was born in New York City if that'll help you any.
　　　　　　　　　　　　　　　　　　　　　　　　(*Casablanca*)
　　　b. If it won't spoil your supper, come on down for a cup of tea.
　　　　　　　　　　　　　　　　　(R. Anderson, *Tea and Sympathy*)

こうした will を含む (168a) の条件文を，Declerck and Reed (2001: 82-83) は (168b) のように，'[(P → Q) → P]' の構造をしており，if-節自体が条件文になっていると分析している．

(168) a. I will give you £10 if that will help.
　　　b. I will give you £10 if it will help if I give you £10.

同じように分析すると，(167) の例はそれぞれ次のような構造をしていると考えられる．

(169) a. I say I was born in New York City if it will help you if I say so.
　　　b. Come down for a cup of tea if it won't spoil your supper if I offer you a cup of tea.

特に (169a) の P に相当する部分はメタ表示になる．

6.4. 真偽判断を行う推論条件文 (inferential conditional)

Declerck and Reed (2001: 85-86) は，同じ閉条件節の条件文であっても次の2つは異なることを指摘している．

(170) a. ["Mummy, the milkman's here."] — "If the milkman's here, open the door for him."
　　　b. (*seeing the milkman coming up the drive*) If the milkman's here, it must be later than I thought.

(170a) は，前節で考察した実践的推論を行う発話行為条件文であるが，(170b) はそうではなく，彼らによると，内語ないし思考 (internal speech/thought) を表す推論条件文 (inferential conditional) である．こうした真偽判断を行う推論 (epistemic inference) を表す条件文は，発話行為条件文と違い，通常の条件文のように条件節と帰結節の内容には因果関係などの「自然な」関係が見られる．しかし，条件節と帰結節の時制が互いに独立している点など通常の条件文とは異なった特徴がある．

(171) a. If he was here, he's now in the garden.　　　(Palmer(1974))[33]

---

[33] Palmer (1974: 146) は，こうした条件文を 'implication type' と呼んでいる．

b. 'If the sightings are real,' Voyles said quietly in Tarrance's face, 'we're wasting our time here' (J. Grisham, *The Firm*)

c. 'Forgery,' said Frankie thoughtfully. 'That letter from you, Bobby, was remarkably well done. I wonder how he knew your handwriting?'

'<u>If he's in with the Caymans</u> he probably saw my letter about the Evans business.' (A. Christie, *Why Didn't They Ask Evans?*)

d. "But the door was locked—yes. But there is nothing to show if it were locked from the inside or the outside. You see, *the key was missing*."

"But then—<u>if it is missing</u> ...." She took a minute or two. "Then it must have been locked from the <u>*outside*</u>. Otherwise it would be somewhere in the room."

(A. Christie, *Murder in the Mews*)

推論条件文の帰結節では，社会的行為としての発話行為が遂行されているのではなく，真偽判断が実行されていると考えられる．そうした真偽判断は次のようは併置された発話の後半部分においても見られる (Carston (1993: 44-45))．

(172) These are his footprints; (so) he's been here recently.

このような場合の so は，推論判断が行われていることを明示する働きをする．

　推論条件文でも，発話行為条件文と同じく，ある規範に基づいた行為が実行されていることを表しており，そうした規範として次のような条件文が考えられ得る．[34]

---

[34] 中島 (1990: 121) では，日本語の推論を表す「ナラ-条件文」について同様の規則を設定した．「ナラ-条件文」については，蓮沼 (1985)，中右 (1994) などが参考になる．英

(173)   [⊢ (P → Q) (⊢P→ conclude that Q is true.)]
     or [⊢ (P → Q) and ⊢P] → conclude that Q is true.]]

つまり，(P → Q) という前提があり，P という前提が加わると，Q が真であると結論せよ，といった規則である．この規則に従って判断行為が実行される場合を図式的に示すと次のようになる．

(174)   Epistemic Inference
    大前提： [⊢ (P → Q)→(⊢P→ conclude that Q is true.)]
    中前提： ⊢ (P → Q)
    小前提： ⊢P
    結 論： I conclude that Q is true.

実践的推論の場合と同様，推論条件文は，(175a) のように，小前提 P が真であるとの確認と Q が真であるという判断とが必然的な関係にあることを示すもので，このことを (170b) に当てはめると (175b) のようになる．

(175) a. If P is true, then Q is true.
     b. ⊢ (If [⊢it is true that Milkman is here], [⊢it is true that it is
                                                later than I thought]).
                ↑   ↑
         ⊢it is true that Milkman is here.   ⊢it is true that it is
                                              later than I thought.

推論条件文の発話においても，小前提の確認が行われ，それを受けて結論の判断が行われる．そして，それぞれの行為のタイプが条件文の if-節と主節

語の推論を表す条件文については，Nakashima (1991, 2010), 中島 (1996) で少し詳しく論じた．また，推論行為で問題になる「判断」については中島 (2000), Nakashima (2007) で論じた．

に取り込まれ，条件文全体の発話は主張行為の遂行となる．[35]

7. ビスケット条件文 (biscuit conditional)

Austin (1961: 210) は，'I can if I choose.' のような条件文における if-節と can（できる）の関係について論じる中で次のような例をあげている．

(176)　There are biscuits on the sideboard if you want them.

こうした条件文は，通常の条件文のように対偶を考えたり，条件が満たされれば主節が真になるといった解釈はできないもので，Austin は次のような can を含んだ言い換えを示唆している (Austin (1961: 212))．

(177)　There are biscuits on the sideboard which you can (or may) take if you want them.

つまり，if-節は次のような例と同じく can とつながっているというのである．

(178)　You can take biscuits on the sideboard if you want them.

Austin の例にちなんで，次のような類似の例は「ビスケット条件文 (biscuit conditional)」と呼ばれている．

---

[35] van der Auwera (1986: 203) は，次のような主節が疑問文と命令文の例をあげている．
　(i)　If you saw John did you talk to him?
　(ii)　... so I saw John
　　　All right now. If you saw John, tell Mary about it.
これらの場合，それぞれ次のような規範条件文を考えることができる．
　(iii)　a.　[?(P → Q) → (⊢P → ask if Q is true.)]
　　　　b.　[!(P → Q) → (⊢P → make sure that Q is true.)]

(179) a.　Your medicine's there, anyway, if you want it.

(T. Rattigan, *The Browning Version*)

b.　Eugene: If there is a word you hear that you don't understand, there's a dictionary at the front of the room—look it up.

(*Pay it Forward*)

c.　If you don't want to wait in the lines, though, don't worry—there's still lots of other things you can do.

(*The Japan Times*, September 20, 2013)

同様に存在を表す次の文もこれらに準じた例と見ることができる．

(180) a.　"If you needed more tangible proof that this is a new era of exploration, it's right here, right now in Virginia," NASA associate administrator Robert Lightfoot said.

(*The Japan Times*, September 20, 2013)

b.　If you consider scientifically what happens when you see a tree, here is what you find: Photons are reflected off the surface of the tree, they attack the photoreceptor cells in the retina, and cause a series of neuron ...[36]

(Searle (1998) *Mind, Language and Society*)

一方，Siegel (2006) は，次のような例も含めてビスケット条件文と呼んでいる．

(181) a.　If you need anything else later, my name is James.

(Siegel (2006: 168))

---

[36] Austin (1961) に倣った言い換えをすると次のような言い方が考えられる．
Here is what you find if you consider scientifically what happens when you see a tree.

第1章　発話行為条件文 (speech-act conditionals) のメタ表示分析　　　　83

b. If you are suffering from depression, Friends' Hospital is conducting a study of an investigational medication.

(Siegel (2006: 180))

この分類に従うと，次の類似した例もビスケット条件文ということになる．

(182) a. If Peter asks you, I did receive his letter.

(Geis and Lycan (2001: 191))

b. Recruiter: ... And if you're a Lakers fan we have a fabulous box at the Forum.　　　　(*The Firm*)

c. Erin: So you look over that, and if you have any questions or anything, I'll be here all day.　　　　(*Erin Brockovich*)

d. Ugarte: Oh, waiter. I will be expecting some people. If anybody asks for me, I will be right here.(*Casablanca*)

e. If Dad were here, he would know what to do.

(*Longman Dictionary*)

一方，Declerck and Reed (2001: 320–325) は，if-節が主節の発話の関連性 (relevance) を説明していることに注目して，以上のような条件文を 'relevance conditionals' として分類し，豊富な例をあげている．Davies (1986: 175) も次のような例をあげて，「if-節の働きは，その表す条件が関連性のある (relevant) ことを指摘することによって主節の発話を正当化することである」と同様のことを言っている．[37]

---

[37] 詳しくは次のように説明している：

In examples like these, the function of the if-clause seems to be to justify the utterance of the main clause by indicating the conditions under which the message conveyed by this main clause is relevant. The truth of the assertion expressed by the main clause is clearly not affected by whether or not the condition is satisfied; it is only the relevance or appropriateness of the statement made by uttering it which is understood to be affected.　　　　(Davies (1986: 175))

(183) a. I'm very interested in foreign stamps, if you get any letters from abroad.
   b. If you find any money, John is looking for some he lost.

　本論の考えに基づいてビスケット条件文を考察する場合，まず確認しておくことは，Declerck and Reed (2001: 321) も指摘しているように，if-節が開条件節と閉条件節の両方の解釈の可能性を持つことである．

(184) If you're hungry, there's a pie in the fridge. (*The Q-clause is factual; the P-clause may be closed or open.*)

日本語の条件文と対比させると，この (184) の例は，「た／らば」を用いた条件文に対応する開条件節の解釈とナラ条件文に対応する閉条件節の解釈の両方が可能である．

(185) a. 食べたかったら／ければ，サイドボードの上にビスケットがあるよ．
   b. 食べたいんなら，サイドボードの上にビスケットがあるよ．

　また，Davies (1986) や Declerck and Reed (2001) の言っている，if-節の内容と帰結節の発話は関連性 (relevance) のある関係は漠然としているが，対話の形にしてみると幾分かはっきりする．

(186) a. (176) の条件文の場合：
   A: I want (to take) biscuits.
   B: There are some (biscuits) on the sideboard.
   b. (179b) の条件文の場合：
   A: I heard a word I didn't understand.
   B: There's a dictionary at the front of the room—look it up.
   c. (182b) の条件文の場合：
   A: I'm a Lakers fan.

B: We have a fabulous box at the Forum.
d. (182c) の条件文の場合：
A: What should I do if I have any questions.
B: I'll be here all day.

これらは，いずれも日常的な場面でよく見られるような会話で，話し手 B の発話は次のようにパラフレーズでき，「提供」，「申し出」，「助言」などの間接的発話行為を遂行していると解釈される．

(187) a. Take some biscuits on the sideboard.
b. Look up the word you heard in a dictionary at the front of the room.
c. Use our fabulous box at the Forum.
d. Come and see me because I'll be here all day.

さらに，こうした会話における発話行為に関しては，「ある P のような状況では，それに関連した発話行為を行え」といった行為規範が考えられる．

(188) If P, be relevant.

こうした行為規範を考えることによって，ビスケット条件文も5節と6節で考察した発話行為条件文と同じような説明ができる．例えば，(189) の例が開条件節と解釈された場合についてみると，(190) のように分析できる．

(189) If you're hungry, there's pizza in the fridge. (Siegel (2006: 168))
(190) ⊢ (If you're hungry, [I tell you that there's pizza in the fridge]).
↑
I tell you that there's pizza in the fridge.

つまり，まず「ピザが冷蔵庫にある」という主張行為が遂行され，その発話タイプがメタ表示として条件文の帰結節に取り込まれる．そして，条件文全

体の発話は，その帰結節の発話行為がif-節の表す状況と関連性があると主張することになる．さらに，帰結節の主張行為によって遂行される間接発話行為のタイプを取り込んだ解釈も可能である．[38]

(191)　⊢ (If you're hungry, [!(you take pizza in the fridge)]).
　　　　　　　　　　　　　　　↑
　　　　　　　　!(you take pizza in the fridge)
　　　　　　　　　　　　　　　⇧
　　　　　　　I tell you that there's pizza in the fridge.

閉条件節と解釈された場合は，次のような実践的推論を行う発話となる．

(192)　　　　　　　Practical Inference
　　　大前提： If someone is hungry, be relevant.
　　　小前提： You are hungry.
　　　結　論： I tell you that there is pizza in the fridge.

(189)の条件文の発話が，このような実践的推論に基づくとした場合，次のように分析される．

(193)　⊢ (If [⊢it is true that you're hungry, [I tell you that there's pizza
　　　　　　　　　　↑　　　　　　　　　　　　　　　　　　　　in the fridge]).
　　　　　⊢It is true that you're hungry.　　　　↑
　　　　　　　　　　　　　　　　　　　I tell you that there's pizza
　　　　　　　　　　　　　　　　　　　in the fridge.

---

[38] 坂原 (1985: 140) は，疑似条件文（本論でいうビスケット条件文）if p, q の論理構造は if p, because q, r で，q は明示されない結論 r を探すための指示である，と説明している．例えば，Austin の (175) の例は次のように解釈されるという．
　(i) Because there are biscuits on the sideboard, you may have them if you want them.
しかし，このような説明は (186a) のような対話についてもなされるべきもので，ビスケット条件文の本質とは直接関係が無いように思う．

第 1 章　発話行為条件文（speech-act conditionals）のメタ表示分析　　　87

つまり，前節で見た閉条件節の条件文と同じように，小前提の真偽の確認がまず行われ，その発話のタイプがメタ表示として if-節に取り込まれる．そして，結論の主張行為が遂行され，その発話タイプがメタ表示として帰結節に取り込まれる．ビスケット条件文全体は，結論の発話行為が前提から必然的に生じるものであることを主張している．[39]

8.　まとめ

本論では，次の 3 種類の条件文を考察した．

(194) a.　開条件節の発話行為条件文

　　　If I may say so, that's a crazy idea.

b.　閉条件節の発話行為条件文

　　　If you're looking for the captain, he isn't here.

c.　ビスケット条件文

　　　If you are hungry, there's pizza in the fridge.

これらの条件文は，それぞれ次のような発話行為が遂行され，その発話のタイプがメタ表示として条件文の帰結節に取り込まれているという点が共通している．

(195) a.　That's a crazy idea.

b.　The captain isn't here.

---

[39] Siegel (2006) は，発話（行為）という意味論的対象物を導入し，ビスケット条件文の帰結節はそうした対象の存在を表すと説明している．つまり，概略，条件文 If P, Q の論理構造は（p → ∃x x is an assertion of q）のように分析される（p, q はそれぞれ節 P, Q の表す命題）．例えば，(189) は次のように表示される（Siegel (2006: 179)）．
　(i) If you're hungry, there is a (relevant/salient) assertion that there's pizza in the fridge.
したがって，帰結節は表示 q を埋め込んだ一種のメタ表示になっている．

c. There's pizza in the fridge.

　ビスケット条件文には，開条件節と閉条件節のものがあり，前者は開条件節の発話行為条件文と，後者は閉条件節の発話行為条件文と同種のものと考えることができる．開条件節の発話行為条件文では，主眼は主節の発話で遂行される発話行為にあり，礼儀上の理由ないし不適切な発話行為になる場合の予防線として条件文の形の発話になっている．一方，閉条件節の発話行為条件文では，実践的推論が行われており，主節で遂行される発話行為が条件節で真偽が確認された前提から必然的に導かれるものであることを発話行為条件文全体は表現している．

　本論では，また，発話行為条件文を単に言語行為という枠の中だけではなく，より広い行為一般の中に位置づけると同時に，「引用」という非記述的用法の一種と捉えて考察した．「行為一般」とか「引用」といった大きな問題は本論の考察の枠を超えるものではあるが，少なくともそうした大きな視野の中に発話行為条件文を位置づけることによってその本質の一端を明らかにすることができたと思う．

参考文献

アリストテレス，高田三郎 訳 (1973)『ニコマコス倫理学（下）』岩波文庫，東京．
Austin, J. L. (1961) "Ifs and Cans," *Philosophical Papers*, 153-180, Oxford University Press, Oxford.
Barwise, J. (1989) *The Situation in Logic*, CSLI Publications, Stanford.
Barwise, J. (1993) "Constraints, Channels, and the Flow of Information," *Situation Theory and Its Applications I*, ed. by P. Aczel et al., 3-27, CSLI Publications, Stanford.
Barwise, J., D. Gabbay and Ch. Hartonas (1995) "On the Logic of Information Flow," *Bull. of the IGPL*, Vol. 3, No. 1, 7-49.
Clark, H. H. (1996) *Using Language*, Cambridge University Press, Cambridge.
Clark, H. H. and R. J. Gerrig (1990) "Quotations as Demonstrations," *Language*

66(4), 764-805.

Dancygier, Barbara (1998) *Conditionals and Prediction: Time, Knowledge and Causation in Conditional Constructions,* Cambridge University Press, Cambridge.

Davidson, D. (1979) "Quotation," *Inquiries into Truth and Interpretation,* 2nd ed., by D. Davidson, 2001, 79-92, Oxford University Press, Oxford.

Davies, Eirlys (1986) *The English Imperative*, Croom Helm, London.

Declerck, Renaat (1984) " 'Pure Future' *Will* in *If*-Clauses," *Lingua* 63, 279-312.

Declerck, Renaat and Susan Reed (2001) *Conditionals: A Comprehensive Empirical Analysis*, Mouton de Gruyter, Berlin.

Geis, Michael L. and William G. Lycan (2001) "Nonconditional Conditionals," *Real Conditionals*, by Lycan, 184-205, Oxford University Press, Oxford.

Greenbaum, Sidney (1969) *Studies in English Adverbial Usage*, Longman, London.

Haegeman, L. M. V. (1983) Th*e Semantics of* Will *in Present-day British English: A Unified Account*, Paleis der Academiën, Brussel.

Haegeman, L. (2008) "Parenthetical Adverbials: The Radical Orphanage Approach," *Dislocated Elements in Discourse: Syntactic, Semantic, and Pragmatic Perspectives*, ed. by B. Shaer, P. Cook, W. Frey and C. Maienborn, 331-347, Routledge, London.

Haegeman, L., B. Shaer and W. Frey (2008) "Postscript: Problems and Solutions for Orphan Analyses," in B. Shaer et al. (eds.), 348-365.

Hare, R. M. (1971) *Practical Inferences,* The Macmillan Press, London.

蓮沼昭子 (1985)「「ナラ」と「トスレバ」」『日本語教育』56号，65-78．

黒田亘 (1992)『行為と規範』勁草書房，東京．

毛利可信 (1980)『英語の語用論』大修館書店，東京．

中島信夫 (1990)「日本語の条件文「・・・ ナラ ・・・」について」『甲南大学紀要』文学編73，102-124．

Nakashima, Nobuo (1991) "The Inferential Use of Natural Language Conditionals,"『言葉の構造と歴史・荒木一雄博士古希記念論文集』203-220，英潮社，東京．

中島信夫 (1996)「条件文における言語の解釈的用法について」『言語の深層を探ねて・中野弘三博士還暦記念論文集』，306-321，英潮社，東京．

中島信夫 (2000)「日本語と英語の認識様相について──判断行為と知識伝達行為 (Epistemic Modality in Japanese and English)」『甲南大学紀要』文学編112，英語学英米文学特集，42-80．

Nakashima, Nobuo (2006) "Conditionals and Hybrid Uses of Language,"『甲南大学紀要』文学編140，英語学英米文学特集，1-50．

Nakashima, Nobuo (2007) "Inferential Judgment and Indicative Mood," *Exploring*

the Universe of Language: A Festschrift for Dr. Hirozo Nakano on the Occasion of His Seventieth Birthday, ed. by M. Amano et al., 203-220, Department of English Linguistics, Nagoya University.
Nakashima, Nobuo (2010) "Inference and Epistemic Conditionals,"『甲南大学紀要』160, 123-130.
中島信夫 (2013)「メタ表示とはどういうものか」『甲南大学紀要』文学編 163, 91-100.
中島信夫 (2014)「発話行為条件文 (speech-act conditionals) とメタ表示」『甲南大学紀要』文学編 164, 49-58.
中右実 (1994)「日英条件表現の対照」『日本語学』Vol. 13, 8月号, 42-51.
丹治信春 (1997)『クワイン：ホーリズムの哲学』講談社, 東京.
Noh, Eun-Ju (2000) *Metarepresentation*, John Benjamins, Amsterdam.
Nunberg, G. (1978) *The Pragmatics of Reference*, Indiana University Linguistics Club, Bloomington.
Palmer, F. R. (1974) *The English Verb*, Longman, London.
Perner, Josef (1991) *Understanding the Representational Mind*, MIT Press, Cambridge, MA.
Quine, W. V. (1969) *Ontological Relativity and Other Essays*, Columbia University Press, New York.
Recanati, F. (2010) *Truth-Conditional Pragmatics,* Clarendon Press, Oxford.
坂原茂 (1985)『認知科学選書 2：日常言語の推論』東京大学出版会, 東京.
Siegel, Muffy E. (2006) "Biscuit Conditionals: Quantification over Potential Literal Acts," *Linguistics and Philosophy* 29, 167-203.
Sperber, Dan (2000) *Metarepresentations: A Multidisciplinary Perspective*, Oxford University Press, Oxford.
Sweetser, Eve E. (1982) "Root and Epistemic Modals: Causality in Two Worlds," *Proceedings of the Annual Meeting of the Berkeley Linguistics Society,* Vol. 8, 484-507.
Sweetser, Eve E. (1990) *From Etymology to Pragmatics: Metaphorical and Cultural Aspects of Semantic Structure*, Cambridge University Press, Cambridge.
Tedeschi, P. J. (1974) "Some Aspects of Conditional Sentence Pragmatics," *Studies in Language Variation*, ed. by R. W. Fasold and R. W. Shuy, 136-151, Georgetown University Press, Washington, D.C.
Traugott, E. C., A. ter Meulen, J. S. Reilly and C. A. Ferguson, eds. (1986) *On Conditionals*, Cambridge University Press, Cambridge.
Van der Auwera, J. (1985) *Language and Logic: A Speculative and Condition-Theoretic Study*, John Benjamins, Amsterdam.
Van der Auwera, J. (1986) "Conditionals and Speech Acts," in E. C. Traugott et al.

(eds.), 197–214.
Van Dijik (1981) *Studies in Pragmatics in Discourse*, Mouton, The Hague.
渡辺慧 (1978)『認識とパタン』岩波書店, 東京.
渡辺慧 (1986)『知るということ：認識学序説』東京大学出版会, 東京.
Wilson, Deirdre (2000) "Metarepresentaion in Linguistic Communication," in D. Sperber (2000), 411–448.

第 2 章

否認とメタ表示[*]

五十嵐　海理

1. はじめに

　本章は否認とメタ表示に関する事項を扱う．メタ表示とは，ここでは，大まかに，先行発話の繰り返しであるものと考えておこう．ある文脈で発話された文や表現が，後に別の文脈で繰り返して発話されたときには，基本的に同じ解釈を持つが，繰り返されたときはそれが最初に発話されたときの話し手に帰属することが示される (cf. 中島 (2013))．
　フレーゲの「否定」(1918) によれば，ある文で表される命題を否定する場合，それによってそれと矛盾する命題が作られる．そして，「思想はいかなる補完も必要とせず，それ自体で完結しているのである．それに反して，否定は 1 つの思想による補完を必要とする」という (フレーゲ (1918 [1999:

---

　[*] 本章の内容は 2013 年 8 月 5 日に関西学院大学梅田キャンパスで開催された第 9 回英語語法文法セミナーでの発表資料，および，2013 年 12 月 7 日に慶應義塾大学三田キャンパスで開催された日本語用論学会第 16 回大会でのワークショップ「メタ表示と語用論」で発表した拙論およびそれにもとづいた大会発表論文集に掲載予定の論文「否定とメタ表示をめぐって」と重複する部分があることをお断りしておく．また，本章の内容の一部はすでに公刊されており，取り上げた my foot, like hell についてより詳しくお知りになりたい方は参考文献表に掲載の拙論 (2009a, b, 2010) をご参照いただきたい．また，内容の一部を様々な研究会や学会で口頭発表したことも申し添えておきたい．

254-255]).¹ つまり，文が表す命題を構成する一部ではあるけれども，否定は補完が必要なものなのである．したがって，否定は，基本的に，補完の必要のない（つまり否定を含まない）命題の存在を前提にしているといえる．こういうと，否定は常にメタ表示を前提としているようにも聞こえる．ある命題を否定によって補完することで否定的な命題ができるから，一種の繰り返しを含むのではないかと思われるからである．²

　本章では，否定は1種類しかなく，それを補完する思想（命題）のあり方によって，命題の極性を反転させるだけのものだったり，先行発話に対する異議申し立て（つまり否認）になったりすることを示す．また，これが not など否定詞によるものばかりではなく，節＋my N，Like＋節など，否定詞を含まない表現においても同様にいえるということを示す．

　ここで，否定と否認の区別について言及しておきたい．否定によって補完されることで，ある命題は極性を反転させることになり，その命題と矛盾する命題が作られる事になるとフレーゲに沿って説明したが，否認はそういうことではない．否認は，否定と異なり，談話上の現象である（van der Sandt (1991, 2003)）．ある発話に対して，それに異議を唱えることが否認の基本的な機能であり，それは発話された文の表す命題の極性を反転させるものではない．肯定文であっても，先行発話に異議を申し立てるためであれば，否認になりうる（van der Sandt (2003: 61-62)）．

2. 否定のあいまい性と否定／否認

　文のなかに出現する否定があいまいであることは，昔から知られている．このことがメタ表示と否定との関係を考える上で出発点になるので，本稿でもここから議論を始めたい．たとえば Russell (1919) の (1) の文も少なく

---

　¹「思想」は真偽判断の対象なので，本文では「命題」として統一する．
　² 命題の否定と，先行発話に対する反駁を含むメタ言語否定（metalinguistic negation）との間に区別を設けない立場もありうる（たとえば Noh (2000)）．

とも 2 通りにあいまいである.

(1) The author of *Waverly* wasn't Scotch. ('It was not the case that the author of *Waverly* was Scotch.')
 a. $\exists x[\text{write}(x, \text{Waverly}) \& \forall y[\text{write}(y, \text{Waverly}) \rightarrow x=y] \& \neg \text{Scotch}(x)]$
 b. $\neg \exists x[\text{write}(x, \text{Waverly}) \& \forall y[\text{write}(y, \text{Waverly}) \rightarrow x=y] \& \text{Scotch}(x)]$

(cf. Russell (1919: 175-178))

(1a) では否定は小説 Waverly の作者がスコットランド人であるという (1) の文の主張の部分を否定しているが, (1b) では主張だけではなく, Waverly を書いた作者の存在そのものや, その作者の唯一性まで否定している. よく知られているように, (1a) では否定 ($\neg$) がその文が表す主張のみを作用域とするため, 内部否定と呼ばれ, (1b) では, その文の表す主張, 主語で表される対象の存在, そしてその唯一性とを否定の作用域とするため, 外部否定と呼ばれる. このように, (1) の文に対して 2 通りの解釈が可能であるということは, not という否定を表す語があいまいであることを示唆する. しかし, not には肯定文の真偽を逆転させる (極性を反転させる) という 1 つの意味ではなく, 内部否定と外部否定の 2 通りの意味を設定するべきなのだろうか.

こうした否定のあいまい性を解決し, (1) の 2 つの「解釈」を容認するために, Horn (1985, 1989) は文の中の主張にあたる部分を否定する記述否定 (descriptive negation) と, それ以外の含意や前提, 形式などを否定するメタ言語否定 (metalinguistic negation) とを区別した. そして, 否定 (not) は意味論的には 1 つの意味しか持たないが, 語用論的にあいまいであるとした. メタ言語否定は (2) のように規定された.

(2) METALINGUISTIC NEGATION—a device for objecting to a previous

utterance on any grounds whatever, including the conventional or conversational implicata it potentially induces, its morphology, its style or resister, or its phonetic realization.　　(Horn (1989: 363))

ここでは,「否定 (negation)」という語を使いながら,実際には先行発話に対する異議申し立て (objecting to a previous utterance) とされているところに注目したい. (2) のように,メタ言語否定は言語規約的含意 (conventional implicature) や会話の含意 (conversational implicature), また, 形態素や文体, 使用域など, どのような根拠であっても異議申し立てをする際に使われる仕掛けであるが, これは記述否定のようにある文で主張されている命題の極性を反転させるということではない. それを根拠に相手の発言の適切性に異議を申し立てるということである (Horn (1989: 421)). したがって, (2) にはもともと先行発話の否認 (denial) という発語内行為が含まれているのである (van der Sandt (2003)). たとえば, メタ言語否定の典型的な例である (3) は, 先行発話として誰かが mongeese という誤った複数形を含む文を発話しなければ成り立たないと考えてよい.

(3) I didn't manage to trap two monGEESE—I managed to trap two monGOOSES.　　(Horn (1985: 132))

(3) は誤った形態素が使われていることを根拠に先行発話に異議申し立てを行うものだが, こうした非常に明確な例はともかく, いわゆる外部否定としてのメタ言語否定 ((1b) にあたるもの) を通常の話し手がそれと知るのは必ずしも容易ではないとする意見もある. たとえば, Givón (1978: 88) では, (4a) の否定として (4b) のような文を提示されると, 話し手は通例内部否定としての解釈を想定し, 外部否定には (4c) のような特別な形式が用意されている, という.

(4) a.　Someone loves Mary.
　　 b.　Someone doesn't love Mary.

c. No one loves Mary. (Givón (1978: 88))

(5) There's no one who loves Mary. (Givón (1978: 88))

また，Givón (1978: 88-89) によれば，通言語的には (4c) のような否定文は比較的まれであり，(5) のような明示的な存在否定文から生じているのかもしれず，そもそも主語位置にある名詞句の指示対象の存在を否定するのは，かなり困難であるという．さらに，たとえば The king of France is not bald. のような文を発話する場合，内部否定であっても外部否定であっても，フランス王が禿げである可能性について先行発話において言及しているなどの文脈が必要ではないかと述べている．このように，Givón は，big/small, long/short などの対義語ペアの肯定的な（かつ無標の）語と否定的な（かつ有標の）語との対立と同様に，否定は肯定文にたいしてより有標な文を構成するものととらえている．そこには知覚的な地と図の関係が否定の基礎にあるとする (Givón (1978: 104-105))．そしてこの分析を元に，なぜ否定文が先行発話の否認を行うために使われることが多いのかを論じている．たとえば Someone didn't do the dishes yesterday. (Givón (1978: 108)) のような文はそもそもある人物が昨日，皿洗いをすることになっていた文脈で発話されるのが適切である．このように，Givón によれば，ある事象が起こらなかったということを伝達する必要が生じるのは，(i) 話し手が聞き手の誤った信念を正そうとする場合と，(ii) そもそもその事象が生じることが話し手の発話の背景として存在する場合であり，前者の場合は否定文を発話して否認を行うことが聞き手にとって新しい情報になり，後者の場合は肯定文が期待される文脈で否定文を発することで聞き手にとっては新たに情報を得たことになるという．そして，(7) のように論文を結んでいる．

(7) One way or another, negation is only appropriate if the corresponding event—or change in the inert state of the universe—has been made into a ground, while normally it is the figure.

(Givón (1978: 108))

否定文とは，それに対応する肯定的な事象がすでに背景として確立されている場合にのみ適切に表現される，ということである．このように否定文が肯定文に対して非対称的な関係を持つと主張することは，第1節で取り上げたフレーゲの考え方とは異なり，主張に対して否認を認めるような，2つの判断のあり方を認めることになる．

　ここで注意しなければならないのは，Givón（1978）がここで念頭においているのは，通常の否定詞（not）を含む文の発話が外部否定よりも内部否定を持つものとして解釈される傾向にあることであった．これは Horn 流にいえば，メタ言語否定よりも記述否定として解釈される傾向にあることを指摘したものといえる．そして，そうした内部否定（記述否定）を含む文も，先行発話に対する異議申し立てとして機能するのであるから，(2) のメタ言語否定の中に先行発話の表す命題の否定を含めることで，Givón の考え方を容れることもできる．しかし，それは記述否定とメタ言語否定との区別を無効化することになってしまうのではないだろうか．(2) で Horn はたしかに「どのような根拠でも」先行発話に対して異議を唱えることをメタ言語否定と規定しているが，主張された命題の否定である記述否定も，異議を唱えるために使われれば，メタ言語否定に含まれる事になってしまうのではないか．

　さらに，否認の概念には，(8) の2つの要素が含まれている可能性がある．また，これが「否認」という用語の使い方について混乱を生む原因ともなると考えられる．

(8)　「否認 (denial)」の考え方
　　a.　文の表す命題，前提，含意，形式など，すべてを対象として否定する
　　b.　先行発話に対する異議申し立てを行う

Horn（1985）で指摘されたメタ言語否定の典型例は，(8a)，(8b) の両方の性質を持つものであり，先行発話の繰り返しを含む否定文（これが (8a) に

あたる）が，先行発話に含まれていた前提，含意，文体などを否定し，それを元に相手に異議申し立てを行う．[3]

(9) A: Some men are chauvinists.
   B: Some men aren't chauvinists—ALL men are chauvinists.

(Horn (1985: 132))

たとえば (9) では，(9A) の発話で some という表現が「すべて ... ではない (not all)」という会話の含意を持つとされるが，(9B) の話し手は (9A) の発話を，否定をつけて繰り返した上で，その含意を aren't で否定してしまう．ここまでが (8a) の部分である．そして，その後に否定文の解釈（会話の含意の否定）を明示するための後続節（訂正節 (correction clause) と呼ばれる）が発話される．そして (9B) の 2 つの節を通して，(9A) の発話に対する異議申し立てを行っていることになる．これが (8b) にあたる．このように (9B) は (8) で示した 2 つの要素の両方を満たすことになる．Givón は (8a) の発話された文の命題を否定することで，先行発話に対する異議申し立てになるような否認を行うことが多いとしている．しかし，フレーゲに倣って，(8b) を否定の機能とは考えないようにしたい．というのは，異議申し立てができるのは否定文ばかりではないからである．たとえば van der Sandt (2003: 73) では，通常は肯定文には現れない否定極性項目（negative polarity item, NPI）が，先行発話の繰り返しになったときは，(10) のように肯定文に生じることができると指摘している．これは否定極性項目が当該発話の中にあるのではなく，先行発話の中にあるから容認されるのである．

(10) Mary does mind that her bunny has died.
   (as a reaction to *Mary doesn't mind that her bunny has died*.)

(van der Sandt (2003: 73))

---

 [3] 発話された文の表す命題の否定は，Horn (1985, 1989) では記述否定にあたるため，ここではそれを除く．

(10) のカッコ内の注意書きから明らかなように，肯定文が異議申し立て（つまり否認）に使われないわけではない．したがって (8b) の言う否認を否定文が担うとは限らない．[4]

ここまで来て，フレーゲと同じように，(11) の2つの要素だけが必要とされるようになると論じることが可能になった．

(11) a. 主張力
b. 否定詞（フレーゲ (1918: 253)，van der Sandt (2003: 60)）

(11a) の主張力の中に，異議申し立てによる否認も入る事になる．Horn (1985, 1989) は (11b) の否定詞について語用論的あいまい性を主張したのであったが，フレーゲではそうではなく，否定詞を含む主張を行うこと（つまり否認）ができるようにしてある．

上段のように，否定は1つしかないとなれば，Horn のいう「記述否定」と「メタ言語否定」の区別はそれぞれ次のように言い換えることができる．すなわち，否定の影響下にあるものが発話された文の表す命題である場合と，否定の影響下にあるものが先行発話のメタ表示である場合との2つである．この点に関しては，関連性理論の Noh (2000) や Carston (2002) で行われている分析とほぼ同じものである．また，記述否定・メタ言語否定の区別の証拠とされている，否定極性項目の出現・不出現などのデータについては，否定の影響下にあるものの性質の違いに依存すると考えことができる．

こうした分析の根拠は，not という否定詞を使わなくても，記述否定やメタ言語否定と同じような解釈を持つ特定のイディオムが存在することによる．否定詞と主張・否認を区別することが必要になると考えられるからである．これらについては第4節以降で詳述する．

---

[4] また，会話の含意や前提を否定するメタ言語否定とされる例でも，not という否定詞自体は前提や含意を否認するわけではなく，むしろそれらを取り消しているだけであり，否認自体は訂正節で行われるとする立場もある (Davis (2011: 2557-2558))．

2.1. メタ言語否定

メタ言語否定については,Horn (1985) 以来,1990 年代半ばまで広く研究されるようになり,その後,メタ言語否定自体については研究が下火になったと言ってよい.Pitts (2011) も Horn で挙げられた例や説明を吟味することが中心で,Davis (2011) では言語の規約性 (convention) の観点から否認の解釈について会話の含意,形式,前提の 3 つの規約を設ける分析を展開している.また,日本語の「ない」「のではない」「わけではない」の 3 表現とメタ言語否定との関わりについては Yoshimura (2013) があり,メタ表示の帰属が最も重要であると分析している.メタ言語否定の例はこれらの論文をはじめ多くの論文・書籍に登場するが,ここではこの否定が決して珍しいものではないことを示すために,筆者が自ら収集した例を 2 つあげる.どちらも先行発話の尺度含意の取り消しによる否認になっている.

(12) They say when one door shuts, another opens.

In Albany Prison, when one door opens, another shuts.

A frustrating problem.

　　When a judge tells a convicted man that life in his case should mean the rest of his natural span, and when he is repeatedly denied leave to appeal, that man's mind may turn to other ways of shortening the sentence. (…)

They tell the new arrivals in Albany that they don't have **maximum** security. It is **ultimate** security. All the gates and doors are linked to a computer housed in a control room bristling with television monitors.

(Peter Lovesey, *The Summons*)[5]

---

[5] この例は五十嵐 (2001: 241-242) より.以下,太字や下線は筆者による.

(13) Father: Oh God, it's **good** news.
Dr Chase: No. It's **great**.

(*Dr House*, Season 1 Episode 4, 1:21:50)

(12) の例は刑務所の警備体制に関する記述であるが，maximum security（「最高の警備体制」）ではないと言われれば，いささかセキュリティの度合いが低いのかと思わせるが（尺度含意），後続の ultimate security（「究極の警備体制」）でむしろ度合いは高いことが主張されている．また，(13) はテレビドラマからの例であるが，ある夫婦に生まれたばかりの子供が原因不明の症状を呈しており，必要な手術が終わったあとにチェイス医師が夫婦の元に来る．寝ていた父親が気付いて医師の表情から良い知らせなのですねと確認すると，医師は，「いいえ」と先行する父親の発話を否定することで「良い」知らせは「素晴らしい」知らせとまではいえないという尺度含意を否定して，「素晴らしいお知らせです」と父親の発話に対する（いい意味での）否認を行っている．

　こうしたメタ言語否定は Geurts (1998) によって整理しなおされ，意味論的には１つの否定を設定し，以下の４つの否認にはそれぞれ異なるメカニズムが存在するとされた．(12), (13) はどちらも以下の Implicature Denial に分類される．

表1. Geurts (1998) によるメタ言語否定の位置づけ[6]

Propositional (Content) Denial (14) A: *The cook is guilty.* B: *The cook is not guilty.*	Presupposition Denial (15) a. *The king of France is not bald — (because) there is no king of France.* b. *Kurt doesn't realize that his camels have been kidnapped, because they haven't been kidnapped.*
Implicature Denial (16) a. *Around here, we don't like coffee, we love it.* b. *Astrid didn't eat some of the chocolates; she ate all of them.*	Form Denial (17) a. *Ruth Ellis wasn't the last woman to be hung in the UK — she was the last woman to be hanged.* b. *This isn't [əˈluːmɪnəm]; it's [æljəˈmɪniəm].*

しかし，この4分類に上手く収まらないものもあるという指摘がある．たとえば Davis (2011) によると，(18a) では，L の発話は K の誤った認識に基いた発話に対する否認になっているのだが，先行発話の一部の否定であってもいわゆるメタ言語否定ではなく，記述否定である．また，ここでは violin と viola という形式の否認になっているだけではなく，内容（ヴァイオリンではなくヴィオラであるなら，そもそも違う楽器であるため）にも関わっている点で命題の否認ともいえる．また，Pitts (2011) によると，(18b) のように言い間違いの場合も，城と帽子では全く違うものを指すので，内容面での間違いもあるほか，形式も，chateau と chapeau との類似性から言い間違いが起こっている．(18b) の誤りを正すことは，したがって，内容面も形式面も正すことになる．

---

[6] 例文は Geurts (1998) と Pitts (2011) から採取している．

(18) a. K: That is a violin.
　　　　L: That is not a violin at all, it's a viola.

　　　　　　　　　　　　　　　　　　　　　　　　(Davis (2011: 2553))
　　b. Welcome to my humble chapeau!（cf. chateau）

　　　　　　　　　　　　　　　　　　　　　　　　(Pitts (2011: 359))

また，(19) のように，形式と会話の含意の両方が否定されている例もある．形式面ではタイツが 1 箇所伝線（run）しているという部分が否定され，伝線は 3 箇所で，さらに大きな穴まで開いている（three runs and a gaping tear）であると言い直されている．会話の含意の面では，1 箇所の伝線があることを否定すれば，伝線がないことを含意するが，(19) ではむしろより多くの伝線や穴などがあることが伝えられる．

(19) I don't have a run in my tights―I've got three runs and a gaping tear in them ... (and so on). 　　　　　(Pitts (2011: 359))

さらに，一般に Implicature Denial に入る Implicature は GCI (Generalized Conversational Implicature) であり，PCI (Particularized Conversational Implicature) は否認されないことを示す (20) のような例も存在する．ここでは，(20P) には，形而上学のポストの候補者について，学問的業績ではなく，服装を褒めることによって，低い評価であることを暗に伝達するいわゆる様態の格率による会話の含意があるが，この低い評価の含意を (20O) のようにメタ言語否定で否定することはできない．

(20) O: What do you think of the candidate for the metaphysics position?
　　　 P: She dresses neatly.
　　　 O: #She does not dress neatly: she is a strong candidate for the position.

　　　　　　　　　　　　　　　　　　　　　　　　(Davis (2011: 2555))

このように Geurts (1998) の4区分を厳密に捉えすぎると上手く説明できない例が存在する．さらに，implicature や presupposition であっても，否認の対象にならない場合も存在する．たとえば，(21a) のように同格の名詞句に意味論的／言語規約的に含意されている内容や，(21b) のように指定文の中で前提部分とされている部分にある表現に含まれる前提，ここでは「カナダには女帝がいる」ことだが，これはメタ言語否定でも否定できない．

(21) a. The 40th US President, a Muslim, was not conservative.

(Davis (2011: 2556))

b. It was not the king of France who kissed the Canadian empress; France does not have a king.

(Davis (2011: 2556), cf. Guerts (1998))

こうした例をふまえて，Pitts (2011) では Horn (1985) の記述否定とメタ言語否定の区別を，以下のように，解釈の層 (interpretive tiers) を設定することで解決しようとしている．

(22) ... it becomes increasingly apparent that Horn's pragmatic ambiguity is couched in a distinction between interpretive TIERS—providing the very justification for why MN supposedly fail to display a number of characteristic traits attested for straightforward, object-level (i.e. descriptive) negation (Horn 1989: 397).

(Pitts (2011: 364))

しかし，このように解釈の層を設定することにしても，その解釈の層を具体的に明示しなければ解決にはならないし，そもそも層の区別を動機付けるような言語的現象にどんなものがあるのか，Pitts は示していない．[7]

---

[7] ただし tiers についての提案は他に存在する (e.g., Davis (2011): i) compositional meaning, ii) implicature, iii) idiomatic meaning, iv) context-dependence, echoicness).

本節では，Geurts (1998) の否認の4分割を中心に，否認のメカニズムを考察してきた．ここで，前節で行った議論を受けながらまとめると，Geurts もいうように，否定詞は意味論的には1つだけであり，それぞれ否定の影響を受けるもの，すなわち，命題，前提，会話の含意，形式の4つの違いから，それぞれを否定しながら先行発話に異議申し立てをする仕方に違いがあることが，自然に説明されると思われる．ただし，否定の対象が2つ以上のカテゴリにまたがる場合もあり，また，そもそも否定できない含意が存在したりもするので，本稿では4分割にはコミットせず，一種類の否定詞でこれらの発話内の情報を否定することができることを認めておくことにする．

3. メタ表示と否定

3.1. メタ表示

ここまで本章ではメタ表示についておおまかに「先行発話を繰り返すこと」と捉えて議論してきたが，以下で否定詞を使わない否認・否定を扱う過程で否定とメタ表示をもう少し厳密にとらえるために，Wilson (2000) にしたがって，メタ表示の正確な定義をみておこう．

(23) A metarepresentation is a representation of a representation: a higher-order representation with a lower-order representation embedded within it. (Wilson (2000: 411))

つまり，メタ表示とは，表示の表示であり，上位の表示のなかに下位の表示が埋め込まれているものだということである．Wilson によると，Grice (1989) は特定の人物に帰属された発話をメタ表示することから帰属された思想をメタ表示するところまでを理解のプロセスと考えているという．たとえば (24) のように Mary が Peter に言った場合，それを Peter がメタ表示として (25a) から (25e) のような理解をしているという．

(24) Mary (to Peter): You are neglecting your job.

(Wilson (2000: 412))

(25) Peter's mental representation of Mary's utterance (public representation) / Mary's attributed thought (mental representation)
   a. Mary said, "You are neglecting your job."
   b. Mary said that I am neglecting my job.
   c. Mary believes that I am neglecting my job.
   d. Mary intends me to believe that I am neglecting my job.
   e. Mary intends me to believe that she intends me to believe that I am neglecting my job.

(Wilson (2000: 412))

こうした Grice のメタ表示は，(25e) に見えるように，相互知識 (mutual knowledge) であり，話し手と聞き手のそれぞれの意図を無限に推論しあうことが可能になるため，Wilson も指摘しているように，無限退行に陥ることが知られている．

また，引用 (quotation) として，特定の人に帰属させられた発話についての発話をメタ表示として扱うという．[8]

(26) Peter's report (public representation) of Mary's utterance (public representation)
   a. Mary said to me, "You are neglecting your job." (direct quotation)
   b. Mary told me I was not working hard enough. (indirect quotation)
   c. According to Mary, I am "neglecting" my work. (mixed direct

---

[8] このほかに 'Dragonflies are beautiful' is a sentence of English. のような抽象的な表示の例もあり (Wilson (2000: 413))，これは特定の人に帰属された発話や思想ではないので，ここでは扱わない．

and indirect quotation)
d. Mary was pretty rude to me. <u>I am neglecting my job!</u> (free indirect quotation)

(Wilson (2000: 413))

Wilson (および関連性理論) では, メタ表示は類似による表示 (representation by resemblance) として分析される. たとえば, (25b) で伝達されているもとの発話は (27) である可能性もあるのである. こうした内容にもとづく類似を解釈的類似 (interpretive resemblance) といっている.

(27) Mary told me I was not working hard enough.

(Wilson (2000: 424-425))

また, (25a) のような直接引用も, 実際には文字通りもとの発話を繰り返したものとは限らない. 直接引用が元の発話の翻訳であったり, 不正確な引用であったりすることは大いにありうる. たとえば, (28) は翻訳である.

(28) Socrates said, 'The Unexamined Life is not worth living for a human.' (Cappelen and LePore (2007: 46))

こうした形式上の違いのある2つの発話は (内容は同じと考えられる) ゆるやかな類似性があると考えられるが, こうした形式上の類似性はメタ言語的類似性 (metalinguistic resemblance) という.[9]

本章で扱う問題に関わる例として, Wilson (2000: 430) は (29), (30) のような例にも言及している. メタ表示の帰属の問題である.

---

[9] ただし, この翻訳の例に関しては, 引用論の問題ではないとする立場もある. Cappelen and LePore (2007: 47) で指摘されているように, そもそもここで引用されているのは英文のほうであって, その発話を帰属させられる話し手 (ここではソクラテス) が実際にその英文を発話したかどうかとは切り離されるべきだという考え方である.

(29) a. Allegedly, the Health Service is on its last legs.
　　 b. {Confidentially / Unfortunately}, the Health Service is on the last legs.　　　　　　　　　　　　(Wilson (2000: 300))
(30) a. There will be riots, the security forces warn us.
　　 b. There will be riots, {I warn you / I fear}.　(Wilson (2000: 300))

(29a), (30a) とは話し手以外の人に帰属させる用法であり, (29b), (30b) は話し手が命題態度的な情報を付け加えているという. 伝達される内容がまずメタ表示され, その上に, (29a), (30a) であればその内容のソースが自分ではないことを示すメタ表示が, (29b), (30b) であればその内容にたいする話し手の態度を示すメタ表示が存在することになるという. 筆者が (29), (30) の例で注意したいのは, 引用符がなくても, こうした副詞句や挿入句によって発話の帰属を示したり話し手の態度を示したりすることができることであり, 後に導入する like や my foot などの例との比較において興味深いものと思われる.

　なお, Wilson (2000: 439) は通常の否定や法副詞, 離接詞などもその影響下にあるものはメタ表示されているとすら考えている.

(31) a. Ducks don't bite.
　　 b. Maybe I'll leave.
　　 c. Either William will become a soldier or Harry will.
　　　　　　　　　　　　　　　　　　　　(Wilson (2000: 439))

これらは想定可能な思想を想起し, その真偽を判断する能力を前提にしているので, (31) については果たしてメタ表示とまで言えるかどうかは疑問である. むしろ, これらがメタ表示になるのは, これらの文が何らかの先行発話の繰り返しを含んでいる場合や, 自分ないしは他者にこうした発話を帰属させる場合に限られるのではないか, と考えられる. たとえば, 否定詞は, これまで述べてきたように, 文で表される命題の極性を反転させるものであ

る.それがメタ表示なら,当然反対の極性をもつ命題を表す肯定文(上の例なら Ducks bite.)の発話もメタ表示であることになる.しかし,こうした肯定文が何らかの他の表示のメタ表示になっているかどうかは,文脈に依存するので,言語事実としてメタ表示であるとはいえないのではないか.

　この節では Wilson (2000) に沿ってメタ表示ということについて述べてきた.何らかの帰属された表示をさらに表示することをメタ表示とし,メタ表示は元の表示と一定の類似性を持つこと,また,メタ表示は元の表示があるので誰かに帰属するものであることが分かった.

3.2. エコー操作子 (echo operator)

　前節で確認したように,メタ表示は表示の表示であるから,一般的には対話における発話のやり取りの中で見られる現象であると考えられる.対話におけるメタ言語否定のあり方をモデル化した理論として,van der Sandt (1991, 2003) がある.[10] これは単純な考え方で,先行発話のある部分を繰り返して(メタ表示して),そこに否定を加えた場合はメタ言語否定になるとき,メタ表示された先行発話(の表す命題)をエコー演算子 (*) というものの作用域のなかに置くということである.この理論には,Noh (2000) がいうように,エコー演算子が命題否定のときには働かないのはなぜか(命題否定ではメタ表示が生じないことになっている),形式にかかわるメタ言語否定を説明できない,先行発話のすべての情報がエコー演算子に入るわけではない,など,問題点がある.しかしながら,先行発話に対する否認としてのメタ言語否定の理論としては正鵠を射ていると考えられるため,この理論を前提としたい.

　この理論では,先行発話を ϕ として,それをメタ表示したものを $[*\phi]$ として表示するものである.メタ表示 $[*\phi]$ は (32) のように定義される.つ

---

[10] 1991 年の論文と 2003 年の論文とでは,エコー演算子に関してはほとんど変更がない.ただし,前提のメタ言語否定に関しては,いわゆる Binding Theory を取り入れるように変更がなされている.

第 2 章 否認とメタ表示　　111

まり，ある発話順番 i におけるメタ表示 [*φ] は，先行発話での文脈 i-1 において φ がもつ情報内容 (informative content: 命題，前提，会話の含意) の合計が i における [φ] と同じであれば，[φ] ということになる．もっと噛み砕いていえば，先行発話の表す命題だけが問題になるときは，エコー演算子は外してもよい，つまり，命題そのものの意味と同じになるということである．これは (33) のように命題を否定する文にも適用される．

(32)　$[*\phi]_{ci} = [\phi]_{ci}$ when $\cap IC(\phi, c_{i-1}) = [\phi]_{ci}$
　　　(*=echo operator; IC=informative content; ci=context at i)
(33)　$[\neg *\phi]_{ci} = [\neg \phi]_{ci}$ when $\cap IC(\phi, c_{i-1}) = [\phi]_{ci}$
　　　　　　　　　　　　　((32), (33): van der Sandt (1991: 339))

つまり，先行発話の内容は繰り返されると自動的にエコー演算子の中に入るが，命題だけが問題になるときは，エコー演算子は外れるということである．これは逆に言えば，いわゆるメタ言語否定など，命題ではなく，前提や会話の含意が問題になる場合は，エコー演算子を外すためには，それらの情報を付け加えなければならないことになる．たとえば (34) のような対話の場合，(34A) の発言を受けて (34B) においては "It is possible that ..." の possible の意味をその尺度含意を含めた解釈にし，それをメタ言語的に否定している．これを (35) に即してみると，(35a) は (34A) の発話をそのままエコー演算子を用いてメタ表示した場合，その情報内容は「可能だけれど必要ではない」へと拡張されることを示し，その内容がメタ言語否定によって否定されるのが (35b) にあたり，「「可能だけれど必要ではない」ではない」となり，(34B) の訂正節によって与えられた「必要である」という意味だけが残るという筋書きである．

(34)　A: It is possible that the church is right.
　　　B: It is not possible, it is necessary that the church is right.
(35) a.　$[*\diamondsuit(\psi)]_{g(M\psi, ci)} = \cap IC(\diamondsuit \psi, c_{i-1}) = [\diamondsuit(\psi)]_{ci}$ & $[\neg \square(\psi)]_{ci}$

b. $\neg[[\diamond(\phi)]_{ci}$ & $[\neg\square(\phi)]_{ci}]$ & $[\square(\phi)]_{ci+1}$ $(\Rightarrow [\square(\phi)]_{ci+1})$

((34), (35): van der Sandt (2003: 62, 66))

　この考え方の利点は，Geurts (1998) のように否定されるものごとに否認のメカニズムを別に立てるのではなく，単一のメカニズムで否認を説明しているところである．発話に含まれる情報のうち，どれが否定されているのかを明示するのは訂正節であり，否定そのものではない．このような単純な仕組みにしておいたほうが，not 以外の表現で否認が行われた場合にも用いられやすいと思われる．

　本節ではメタ表示に関する Wilson (2000) の考え方と，否定の仕組みに関して van der Sandt (1991, 2003) のエコー演算子を仮定することを論じた．

4. 否定詞を伴わない否認

4.1. タブー表現による否認

　本節では，これまで否定・否認の研究の文脈では取り上げられてこなかった（また，他の分野でも取り上げられることがほとんどない）タブー表現による否定・否認の例をあげておきたい．たとえば，(36)–(38) までの下線部はすべてそれが付随している表現の表す内容に対して異議申し立て（つまり否認）をしている．[11]

(36)　A:　She says she's too busy to see you.

　　　B:　Busy, my foot! She simply doesn't want to.

　　　　　　　　　　　　　(『ジーニアス英和大辞典』s.v. *foot*)

(37)　"It was signed?" Markby interrupted sharply.

---

[11] 本節およびそれ以降の節で出てくる my foot, like hell, その他のタブー語による否定の例文については，参考文献で挙げた拙論（五十嵐 (2009a, b, 2010, 2011)）で取り上げたものの再掲である．

"Like hell it was! Of course it wasn't."　　　　　　　　(BNC)[12]

(38)　... and when I accused him of being illogical, he shouted, "Logical fiddlesticks!" and slammed down the receiver.

(Paul Johnson, *Intellectuals*)

(36) では my foot! という表現が A の言い訳を否認し，(37) では Like hell + 節が Markby の発話を否認している．また，(38) では X + fiddlesticks! で「X なんてくだらない」という意味になっている．またより大胆なタブー表現も (39) のように先行発話から推論される内容（ここでは話し手自身の直前の発話で明示される）を否認するために使われている．

(39)　Ed Masry:　　　　Okay, enough! Look, Erin, this incident aside, I don't think this is the right place for you. So I'm gonna make a few calls on your behalf, find you something else.
　　　　Erin Brockovich:　Don't bother!
　　　　Ed Masry:　　　　I'm trying to help.
　　　　Erin Brockovich:　Bullshit! You're trying to make yourself feel less guilty about firing someone with 3 kids to feed. Fuck if I'm gonna help you do that. ... Get back to work!

(Erin Brockovich)[13]

これらの表現をまとめると (40) のようになる．

---

[12] この表現に関しては Horn (1989) でも言及があり，メタ言語否定として使用できるという観察がされている．

[13] 動画は次の URL で視聴可能である．
　http://www.metacafe.com/watch/an-l7tMJb74Jh7Yn/erin_brockovich_2000_erin_gets_fired/

(40) a. [X, T]　　X, *my {foot / eye / ass}!*
　　　b. [T (,) X]　*Like {hell / fudge}*(,) X!
　　　c. [X T]　　X *fiddlesticks!*
　　　d. [(X) – T]　X—*Bullshit!*
　　　e. [T if X]　*{Fuck / Hell} if* X!

(40) で示されることは，必ず何かの発話が X でメタ表示され，それに対する異議申し立てになっている点では共通しているということである．しかも，これらは強力な異議申し立てにしか使われない，いわば否認に特化した表現といえるのではないかと思われる．興味深い事に，これらの中のいくつかにはいわゆるメタ言語否定としての使い方もある．たとえば my foot! を取り上げてみよう．以下 (41)–(45) まではすべて拙論（五十嵐 (2009a)）からのものである．[14]

(41)　A:　Some men are chauvinists.
　　　B:　Some, my foot! All men are chauvinists.
(42)　A:　They had a baby and got married.
　　　B:　They had a baby and got married, my foot! They got married and had a baby.
(43)　A:　John is either patriotic or quixotic.
　　　B:　Either patriotic or quixotic, my foot! He's both patriotic and quixotic.
(44)　A:　She says she's too busy to see you.
　　　B1:　Busy, my foot! She simply doesn't want to.
　　　B2:　*My foot, busy! She simply doesn't want to.
(45)　A:　She says she's too busy to see you.

---

[14] 英国と米国の英語母語話者によるインフォーマントチェックを受けている．

B: My foot! She simply doesn't want to.

((41)-(45): 五十嵐 (2009a: 3-6))

(41) は尺度含意の否認, (42) は and の継起順序の含意の否認, (43) は or の排除的解釈の否認である. (44) は命題の否認だが, 先行発話からの繰り返し X に対して my foot! がとれる位置は決まっていることから, 一種の構文的な様相も呈している. また, (45) にみられるように, my foot! を単独で用いて, 先行発話に対する異議申し立てを行うことも可能である. こうしたタブー表現 (Bullshit operator) による否認のメカニズムについて, Spenader and Maier (2009: 1711) も言及しているが, メタ言語否定と同じような規定を行うだけであり, 具体的な分析は行っていない.

(46) Bullshit operators, like *nonsense* and *poppycock*, seem to generally retract everything asserted, presupposed, implicated or implied in the previous speaker's statement. Here's a naturally occurring example from a blog:

[47] a. Bush does not speak Spanish—he just knows a couple of words to buy the Hispanic electorate.
 b. Bullshit. He is fluent in Spanish.

((46), [47]: Spenader and Maier (2009: 1711))

また, Napoli and Hoeksema (2009: 630-631) では, タブー表現が否認のみならず肯定の主張 (affirmation) に用いられることを観察している.

(48) Emphatic denial
 a. The {hell/fuck} I will.
 b. The devil he is.
 c. Like hell (she does).

(49) Emphatic affirmation
 a. You bet your {(sweet) ass/booty} I am.

b. Damn {right/straight}.
c. Sure shit.
d. Does the bear shit in the woods?
e. I'm not shitting you.

(50) Emphatic affirmation/denial with explicit yes/no: Hell yes! / Fuck no! / Shit yeah!

((48)-(50): Napoli and Hoeksema (2009: 630-631))

また,Napoli and Hoeksema も観察しているように,(49a, b) の B で I believe that ... による埋め込みが出来ないことから,The hell ... や You bet ... のような表現はその発話で表される文の内容を断定する役割を果たしている.

(51) Response to another statement; no embedding allowed
　a. A: I hear you're going to marry a Norwegian woman.
　　 B: (*I believe that) The hell I will.
　b. A: I hear you're going to marry an Italian woman.
　　 B: (*I believe that) You bet your sweet ass I am.

((46)-(49): Napoli and Hoeksema (2009: 630-631))

こうした観察を踏まえて,Napoli and Noeksema (2009) が下す結論は,極めてシンプルなものである.タブー表現を加えることで,発話には激しさ（強さ）が加わる,そして構文文法的な分析をすることで,こうした語がそれぞれの文脈で持つ意味の鍵になるものを提供するというのである.

(52) And the amazing thing is that, while their form varies (according to their morphological and syntactic context), their content always contains at least this: TABOO TERM—with all the baggage that carries. One part of that baggage is intensity; the use of taboo terms adds intensity to an utterance.

[...]

　　A CxG analysis of taboo terms provides the key to the sense that these terms contribute to whatever context they are found in.

(Napoli and Hoeksema (2009: 639))

しかしながら，これでは具体的な分析にはならない．また，(53) のように，いわゆる悪罵として使われるのがふつうの表現でも，先行発話の中の weak-minded という表現の適切性に対する異議申し立てに使える場合もある．構文といえるほど，形式と意味・機能の結びつきは固定的なものではないのである．

(53) 　RUFUS: 　　　　Serendipity's going to talk to that demon.
　　　JAY: 　　　　　Cool! Can we watch?
　　　SERENDIPITY: Not a good idea. Demons can wreak havoc on the weak-minded.
　　　JAY: 　　　　　<u>Fuck you</u>—weak-minded! Me and Silent Bob can talk to him in his own language! See ...? [makes the universal metal sign] he'd understand this.　(COCA cited in Igarashi (2011))[15]

また，タブー表現で否認する場合，(i) 形式の否定はない (cf. 表 1 (17)) こと，(ii) (40) の X の要素はない場合（たとえば (54)）もあることは指摘されていない．

(54)　He was watching a bunch of people running around with spears on TV. "If you get any better do they let you come back home?" he asked.
　　　"Sure," I lied.

---

[15] Mark Davis (2008-2012) Corpus of Contemporary American English の略称である．後述の 4.2 節ではすべての例文でこのコーパスを用いている．

No one ever came home from there. No one ever got better.

"Sure," I lied again.

He stopped looking at the TV to look at me. He laughed. "**Like hell**."

I wanted to say something, I didn't know what, but he turned up the TV. Everyone was screaming and running with their spears.

(Rebecca Brown, 1995, *The Gifts of the Body*, HarperPerennial cited in Igarashi (2011))

この like hell というタブー表現による否認についてはかつて Igarashi (2010) において次の図1のような分析を提案したことがあった．つまり，like hell のような極端な程度を表す表現を使うことにより，極性がプラスからマイナスへ振れてしまうという，一種のアイロニーとしての分析を行ったものである．しかしながら，(49), (50) でみたように，タブー表現は必ずしも否認を表すとは限らず，むしろ肯定的な主張を強める働きをすることもある．(おそらくこれが Napoli and Hoeksema (2009) が強さ (intensity) 以外に明示的な分析を提供できなかった理由であろう．)

図1　Polarity-reversal (Seto (1998); cf. Partington (2007))

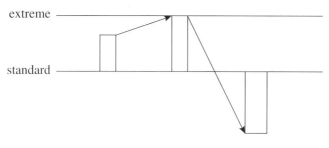

(Igarashi (2010))

ここまでタブー語による先行発話の強い否認について観察してきた．明示的な分析は提供できなかったが，メタ言語否定と同じ振る舞いをする my foot! などの観察から，こうしたタブー表現による否認はメタ表示を含むことは確実であること，また，(40) で示したどの表現についても言えることだが，タブー表現だからこそ，先行発話に対する強い否認につながることを指摘した．

4.2.　Like による否認

本節では，Like が否認のマーカーのように使われる現象を分析する．筆者の知る限り，この like の用法は分析されたことがないと思われる．具体的には，(55) のようなものである．

(55)　Cuddy: There's no way out of this. You might as well get it over with as fast as you can, like ripping off a Band-aid.

House: Only instead of a two-cent piece of tape and gauze, it's a human being.

Cuddy: **Like you care.**

House: **Like you don't.**

[The elevator door opens]

Cuddy: You have a week. Get it done.

(*Dr House*, Season 1 Episode 16, 00:48:00)

これは病院を舞台にしたドラマの中の短いやり取りに出てきたものである．Cuddy は病院長を務める女性医師だが，彼女の病院につとめる偏屈な男性医師 House に，病院経営の健全化のため，彼の部下の医師のうち 1 人を解雇するように求めている．House がなかなか応じず先送りにするのを見て，Cuddy がバンドエイドをはがすみたいに一気に解雇したほうが負担が少ないと催促すると，バンドエイドではなく，人間の話をしているのだという House だが，彼がいつも人を人とも思わない態度で接しているのを知っている Cuddy は Like you care.「気にしているような言い方ね」(つまり「そんなことあなたは気にしてないくせに」) と言う．それに対して，House が

Like you don't.「君のほうこそ，気にならないような言い方だね」(つまり「気になるくせに」）と返している．ここで Like … という 2 つの発話が字義通りの意味と裏腹な解釈になることを確認しておきたい．つまり，主張の中身は字義通りの意味の反対であるということである．そして，2 つ目の Like you don't. のほうは，メタ表示になっているということも注目したい．これは 1 つ目の Like you care を受けての当意即妙の応答（repartee）であるが，you の指示と極性は変わっているものの，Cuddy の発話と同じ形式を繰り返している．

結論からいえば，like はもともと類似性を表す語であり，この語彙的な意味が，「類似しているけれどもそのものではない」という解釈を可能にしているのだと考える．この解釈が可能になるのは，文頭に like を配置し，節を後続させる場合にほぼ限られ，しかも，先行発話があってもなくても可能であり，また，否定極性項目も生起できることから，いわゆる affective context (Ladusaw (1980)) になっていると思われる．

既述のように，こうした like の用法については先行研究がないので，先に引用構文として研究の蓄積がある be like の研究を概観したい．引用も一種のメタ表示であり，他者の言葉の繰り返しであるからである．

4.2.1. 直接引用（direct quote）の構文としての be like

Buchstaller and van Alphen (2012: XIV) によれば，比較的新しい引用表現には，通言語的に以下のようなものがあるという．以下，彼らの記述に従って説明する．(56a) は，直接引用の対象になった実際の発話と，そのメタ表示との類似性に依存する表現であるといえる．完全な一致ではなく類似を表す表現が使われる背景には，もとの発話を完全に再現したものではないことを明示することで，正確な引用でないことを理由にした批判をかわす狙いがあるとされる．(56b) は，ある特定の発話に注目させるために指標を表す語が用いられる場合である．

(56) a. Comparative (similarity/approximation)
   b. Demonstrative deictic
   c. Quantifiers
   d. Generic Verbs of Motion and Action

   (Buchstaller and van Alphen (2012 : XIV))

これらはそれぞれ以下のような英語の例に対応する.

(57) a. I asked Dave if he wanted to go, and he**'s like**, no way!

   ($LDOCE^4$)

   b. **this is them** "what area are you from. What part?" **this is me** "I'm from (inner London)" [*sic*]　　　(Fox (2012: 244))

   c He drove me home, and he was **all**, "I love this car ... it's like a rocket."　　　($LDOCE^4$)

   d. I asked her what she meant and she just **went**, "Don't ask!"

   ($LDOCE^4$)

(58) に示すように,多くの言語で類似性を表す表現が比較的新しい引用形式として発達している.

(58) Comparative (similarity/approximation):
   Afrikaans *soos* 'so+as,' Czech *jako* (*že*) 'as,' Buang (*na*) *be* 'like,' Danish *ligesom* 'like+as,' Dutch *van* 'like,' English *like*, Estonian *nagu* 'like,' Finnish *niinku* (*niin kuin*) 'as if,' *ihan et* 'like,' French *comme* 'like,' *genre* 'kind of,' *style* 'style,' Frisian *fan* 'like,' Greek *tipou* 'type,' Hebrew *ke'ilu* 'as if,' *kaze* 'like+this,' Italian *tipo* 'type,' *come* 'like,' *stile* 'style,' *genere* 'kind,' Japanese *mitai-na* 'like,' Croatian *kao* 'like,' *tipa* 'type,' Swedish *typ* 'type,' *liksom* 'like+as,' Norwegian *typ* 'type,' *liksom* 'like+as,' Polish *typu* 'type,' Portuguese *tipo* 'type,' Brazilian Portuguese *tipo+assim*

'type+so,' Russian *tipa* 'type,' Spanish *como* 'like, as,' Thai *bæ:p* 'like.'

(Buchstaller and van Alphen (2012: XIV))

また，類似性や漸近性，様態などのマーカー (markers of similarity, approximation and manner) が通言語的に引用形式へと転ずることも指摘されている (Buchstaller and van Alphen (2012: XVII))．

メタ表示の一種である引用を実演 (demonstration) の一種と捉える Clark and Gerrig (1990: 768) においても，実演は記述的 (depictive) ではあるけれども，それは実演の対象となるものを正確にすべて捉えるものではないし，また，実演の一部は目的を理解しやすくする (supportive) ものであったり，実演の対象となるものに対するコメントになる (annotative) ものであったりするという．そうだとすると，引用は元の発話を記述するものではあるが，すべてを正確に捉えるものではないため，類似性を表す表現が引用のマーカーとして現れるということも出来る，と示唆することもできよう．Vandelanotte (2012: 184) では，より一般的な意味での実演（有名人の仕草を真似たりすることも含む）と，他人の言葉や考え方の真似というより特定的な実演との間のメトニミーリンクがあることから，be like を含む構造全体が真似を表す節 (imitation clause) から伝達節 (reporting clause) へと意味変化したものだとする．

上記のことを裏付けるのが，Vandelanotte and Davidse (2009: 795) で挙げられている Meehan (1991) の OED を使用した like の意味の変遷に関する調査である．(59) の表では，もともとの類似性「～に似ている」を表す (a) の表現から，14 世紀に「あたかも（～のようだ）」を表す用法 (d) が分化し，16 世紀には「だいたい」を表す用法 (b) が，19 世紀には「たとえば（～のような）」を表す用法 (f) が発達し，その (b) からある表現に焦点をあてる用法 (c) が導かれ，また (d) から引用の用法 (e) が出現したという．

ここで (a) から (d) へ，そして (d) から (e) へと語義が変化しているところに注目したい．(a) の like は 2 者間の振る舞いの類似性を問題にしているが，(d) では比較の対象が示されず，おそらく相手の自信ありげな言い方などから自分のほしい家を買おうと思えば買える（と言っている）ようなものだということであろう．ここまでは行動や言動など，他と比較するものが前提とされている用法であるが，(e) では like は be like 全体として主語が発言した内容を明示する表現に変化している．これは先に述べた実演の類似性から発言や思考の類似性へと意味が変化していると解釈することができ，また，通言語的に類似性の表現が引用のマーカーになっていく過程とも符合している．

(59)　Meehan (1991: 49-50) による OED 調査：*like* の意味・用法の発展（例は現代英語のもの）

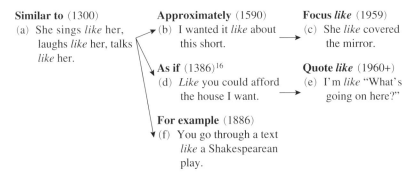

ここで (59) の (a) では前置詞として機能していた like が (d), (e) と節を取るようになってきたことに気付く．これはおおまかに like が固有にも

---

[16] 言うまでもなく，こうした like の用法は現在でも見られる．
　　(i)　Albert came in, wearing one of his signature pinstripe off-white suits. Like he was in Lisbon or something.　　(Dennis Lehane, *Live by Night*, 2012: 12)
ここでは実際にはリスボンを先行文の何らかの要素の例としてあげているわけではないので，(59f) の例ではない．あたかもリスボンかどこか，そういうドレスアップした格好が似合う場所にでもいるかのようだった，という (59d) の意味で使われている．

つ類似性の意味からより機能的な用法を発達させる過程をたどったものと考えることもできる．この点に関して，(59e) の引用の like を文法化の観点から考察した比較的早い時期の研究である Romaine and Lange (1991) をみてみよう．彼女らは (60)-(64) までの例を上げ，like の談話辞としての用法 (63), (64) とそうでない用法 (60)-(62) を区別している．

(60) She looks like her father. [preposition]
(61) Winston tastes good like a cigarette should. [conjunction]
(62) The sculpture looked quite human-like. [suffix]
(63) And there were like people blocking you, you know? [discourse marker]
(64) May's like, "Kim come over here and be with me and Brett." [discourse marker with quotative function]

(Romain and Lange (1991: 244))

(65) のように，これらの用法は1つの談話の中に両方現れる場合もある．また，(65) の最後の Like you start seeing little flaws. はコピュラがない形で，(59d) と類似している．

(65) ... ans she started to *like* really go for him. And she's like And I'm *like*, "That's so good."
And she's *like*, she's *like*, "Now I'm not even sure if I like him. Now when I look at him his face is kind of deformed and everything. *Like* you start seeing little flaws.

(Romaine and Lange (1991: 250))

Romaine and Lange (1991) は，こうした例をまとめて，Traugott (1982: 257) の Propositional → Textual → Interpersonal という文法化の3段階に整理した．それが (66) である．(60)-(65) の数字はそれぞれの段階にあてはまる既出の例文番号である．

(66) Traugott (1982) をもとにした Romaine and Lange (1991: 261) の文法化の仮説

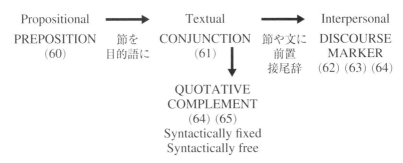

(66) では引用句として機能するようになったのは接続詞として機能するようになったところから派生している．そして，接続詞が発話や思考を伝達する役割を担えば，そこから引用句として機能するのは，自らの発話や思考の伝達から，他者に帰属する発話や思考の構築へと，メトニミー的つながりが存在するからだという (Romaine and Lange (1991: 262))．

　このように，Romaine and Lange (1991) も指摘するところだが，文法化にしたがって，類似性を表す前置詞だった like が，節をとる接続詞の役割を持つようになるが，その節の表す命題と類似した事態を示唆することから，話し手の主観性を明示した表現であるともいえる．というのも，(67) で彼らが言うように，like は類似を表すため，正確性を欠き，話し手は，like の節において表示した内容の真実性に対して一定の距離を置く (reduced commitment) ことになるからである．そのため，他人に帰属する内容を伝達するために like を用いることができる．[17]

---

　[17] とくに，it's like という形式は，非常に主観的な内容といえる，話者の心に抱いたことを発話の形で表示する内的発話 (inner speech) と共に用いられるとする報告が Barbieri (2005) に見られる．

　　(i)　<2080>: There's the drug store.
　　　　<2076>: Doesn't look that bad from the outside.
　　　　<2080>: No, not at all, I walked in and **it's like** "oh my god, they're like dere-

(67) When the speaker wants to stand in a relation of reduced commitment to what was actually said or thought, *like* can be used to report the discourse of others.　(Romaine and Lange (1991: 243))

また，この点に関連して，Vandelanotte and Davidse (2009) は，be like のみならず，引用ということ自体にコミットメントを欠く部分があると述べている.

(68) a quote is by its very nature non-committal and the focus use as in *it was like gross* also involves at least a rhetorical pretence (for hedging purposes) of lack of exactness

(Vandelanotte and Davidse (2009: 794))

(68) にもあるように，もともと類似を表す like（ここでは副詞として使われる like）が，正確性が欠如していること（ないしはそういうふうに見せかけること）を含むので，引用形式として使われた場合も正確性を欠いた引用であることを明示することになると Vandelanotte and Davidse (2009) はいう (69).

(69) *Be like* announces that a partial imitation will be given of what the represented speaker said.

(Vandelanotte and Davidse (2009: 796))

つまり，先行発話の部分的な真似をしていることを言明するのが，引用構文

---

lict."

(Barbieri (2005: 233))

Barbieri (2005: 234) の観察では，it's like（主語が it であることに注意）という形式は先行発話の表示には使われず，話し手の思考や，ある物事に対する心の中での話し手の反応や態度が表示されているものばかりであるという. つまり，この形式は，思考や心情を表現するためのものであり，先行発話が存在しない以上，引用の正確さということは問題にならない.

としての be like の機能であるという.[18] さらに,(59) で示された like の複数の用法を相互に関係するスキーマネットワーク (schematic network) と見ることができるという.ここでは,like が 'as if' の意味を持つ (59d) から引用のパタンである (59e) へと移行するわけだが,そのことについて (70) のような指摘がある.

(70) The quotative use of *be like* can then be understood as not just an extension of the conjunction meaning 'as if', activating the notion of re-enactment, but also related in meaning to simulative and approximative meanings.　　(Vandelanotte and Davidse (2009: 795))

つまり,like が引用として使われるのは,「まるで〜かのような (as if)」という意味の拡張であり,類似の事象が再演されていることを思い起こさせるのみならず,(59a) の類似性や (59b) の漸近性の意味ともかかわっているからだという.以上をまとめると,おおよそ (71) のようになる.

(71) Be like: 部分的な模倣的な引用で,正確でなく,コミットメントも低く,見せ掛け (「かのような (as if)」) や類似性,漸近性とも関係している.

ここから,Vandelanotte and Davidse (2009) や Vandelanotte (2012) では,構文文法的なアプローチから,直接引用の構文からの拡張として be

---

[18] Clark and Gerrig (1990) が指摘するように,もともと引用は正確であるとは限らないものである.それは通常,他者の発言の正確な直接引用を行うとされる新聞記事でもそうである.
　(i) John Milinari, ..., vowing to cooperate fully with the next mayor: 'The last thing I want to be is the pain in the **neck** that Lopp was to George Moscone,' only he didn't say neck. [Herb Caen, *San Francisco Chronicle*]
　　　　　　　　　　　　　　　　　　　(cited in Clark and Gerrig (1990: 778))
最後の部分にあるように,ここで実際に使われたのは卑語 ass であり,それを紙面で使わないために neck に変えたわけであるが,その点で (i) を書いた筆者は使用域 (register) を正確に引用していないのである.

like を捉え,先にも述べたように,主語+be like の全体が類似性を表す節から伝達を表す節へと対応するようになり,典型的な伝達動詞である say が現れる (72) のような構文に be like も登場するようになる (73), という。ここでは,伝達部にあたる節の中の e(laboration)-site と呼ばれる部分が後続する引用部分によって詳細化され,伝達動詞を含む節である主要部と,それを詳細化した節である補部とが,節と節との関係 (interclausal relation) を形成している,というのが彼らの分析である。[19]

(72) He said "I'm leaving."

HEAD elaboration *COMPLEMENT*

(Vandelanotte and Davidse (2009: 791))

(73) I'm like "How does that look nice on you."

HEAD elaboration *COMPLEMENT*

(Vandelanotte and Davidse (2009: 792))[20]

この分析の証拠として,like+節が話題化や wh 疑問文に対する答えになら

---

[19] この分析でおそらくすぐに問題となると思われるのは,Barbieri (2005: 238) で指摘されている like のあとに主語や動詞を持った節が来ない場合があることだろう。
   (i) She's like "well, da da da da da."   (Barbieri (2005: 238))
この場合は節と節の関係であるといえるのだろうか。

[20] また,近年では他の比較的新しい引用を表す動詞 go と共に be like が混交して用いられる場合があることを Vandelanotte (2012) が指摘している。
   (i) I closed the door. I locked the door. At some point I remember peeking out the window in the living room. And it was just a lot of back and forth because **I went like** "close the door, go back to Brian, peek out the window, go back to Brian."   (COCA) (cited in Vandelanotte (2012: 192))
この例では be like のコピュラの代わりに go が挿入され,全体として伝達節として機能している。

ないことから like と引用部分をあわせた like "How does that look nice on you" は1つの構造上のかたまりにならないことを示している．(74) の各例を見られたい．

(74) a. *Like "how does that look nice on you," that's {what/how} I {am/was}.
  b. *{What/How} {are/were} you?—Like "how does that look nice on you."
  c. ?"How does that look nice on you," that's what I {am/was} like.
  d. ?What {are/were} you like?—"How does that look nice on you."

(Vandelanotte and Davidse (2009: 792-793))

(74a) は話題化を like+引用部分に対して適用したもの，(74b) は wh 疑問文の答えとして like+引用部分を提示したものである．これらは容認されない．それに対して，like を除いてそれぞれの操作を行った (74c)（引用部分の話題化）や (74d)（引用部分が wh 疑問文の答え）はすこし容認されやすくなるという．そして，(74c), (74d) が (74a), (74b) よりも容認度が高いことが，like+引用節が一つのかたまりをなしておらず，like はむしろ主語とコピュラとの関係が深いことを示しているという．したがって，like が引用を伴って現れる場合は，Vandelanotte らが言うように，(73) のような伝達節が主要部を成し，その補部として引用部分が提示されることが妥当だと思われる．[21]

この分析の最大の問題は，しかし，(72) と (73) が同じ分析であるという点である．つまり，say も be like も同じ引用構文 (quotative construc-

---

[21] 脚注2で触れた it's like のようなパタンは直接引用としては用いられない．この分析では，主語が it の場合は (73) の elaboration の内容を話し手の心の中の内容に制約するようなことが必要になるだろう．

tion) であるというところである．すでに (71) で確認したように，be like は部分的で（類似性を表す like から）模倣的な引用であり，話し手のコミットメントは低いのである．この点は Vandelanotte らの分析では触れることができない．そこで，多数の言語の引用構文の研究から導き出された Spronck (2012) の次のような意味表示をさらに参考にしたい．

(75) Quotative construction
[[SOURCE construction] (modal value) [MESSAGE construction]]$_{\text{evidential value}}$ (Spronck (2012: 110))
(76) a. He said, "I'm here."
b. He went like, "I'm here." (Spronck (2012: 111))

(75) のような引用構文の意味表示を設定する事によって，(76a) と (76b) とは証拠性の値 (evidential value) が異なり，(76a) ではすでに引用部分を「言われたこと」として話し手は表現しているのに対して，(76b) では引用部分をどのようにして話し手が知るようになったか明示していないものであると Spronck (2012) はいう．これであれば模倣的な引用であること，話し手の低いコミットメントなどを説明することができる．なぜなら，模倣や低いコミットメントは，まさに話し手がとる，引用者と引用内容との間の関係に対する評価 (Spronck (2012: 72)) であり，それを証拠性の値として意味表示の一部にすることができるからである．

4.2.2. 否認を表す like の解釈

前節までで引用構文 be like について，Vandelanotte and Davidse (2009) や Vandelanotte (2012) の構文文法的接近法と，Spronck (2012) の意味構造を中心に，理解を深めてきたが，これを元に，本節のもともとの問題設定であった like を用いて否認を表す表現 (55) について考えて行きたい．(55) を以下に繰り返す．

(55) Cuddy: There's no way out of this. You might as well get it over with as fast as you can, like ripping off a Band-aid.

House: Only instead of a two-cent piece of tape and gauze, it's a human being.

Cuddy: **Like** you care.

House: **Like** you don't.

[The elevator door opens]

Cuddy: You have a week. Get it done.

(*Dr House*, Season 1 Episode 16, 00:48:00)

ここで気付くのは，Vandelanotte and Davidse (2009) のような，引用部と like を含む伝達部とを分離した分析では (55) は解決できないことである．Like は (55) では主語とコピュラを前置しない形で出現しており，say などの他の伝達動詞が出現する引用構文のアナロジーでもない．むしろ (59d) の as if の意味を表す用法に近い．また，Spronck (2012) で提示されている意味構造についても，(55) では引用部分 (MESSAGE) は存在するがソースを表す部分が言語的には示されないので，これだけで十分な分析ができるわけではない．とはいえ，極性の反転は一種の「法性の値 (modal value)」（の反転）であるほか，like は (69b) で見たように証拠性の値にかかわるので，一定の説明は可能になっていると考えられる．しかし，なぜ極性が反転するのかについては別の説明が必要であると思われる．

結論を先に述べれば，この like の用法は，類似性を表す表現から引用構文へと展開してきた be like と異なり，文頭に like を置いた like＋節の形式には一定の解釈は割り付けられていない．つまり，構文といえるほどのまとまった意味を持つわけではない．むしろ，主に対話の文脈でこの形式の文が発話されるとそうした解釈が生じることがある，ということである．この点を明らかにするために，(77), (78) の例を見られたい．

(77) "I worry that something bad is going to happen. **Like** you might

get a divorce." (COCA)

(78) "Feels colder in here, doesn't it?"

The three of us shrugged. Boyle wheeled himself over to the thermostat, looked at it for almost a minute and wheeled himself back.

"**Like** someone had the door open or something. Or a window."

(COCA)[22]

(77) では「何かことが起こるのではないかと心配だ．たとえばあなたが離婚するとか」のように，ここでの like は (55) の場合とは異なり，心配に種になるような出来事の例を示している．(78) ではその場所が寒くなったことを，「あたかも誰かが戸か窓を開けたかなにかしたみたいだ」と言っているが，寒くなった状態が戸や窓を開けた結果もたらされる状態に似ているということである．このように，文頭に like が出現しても，否認の解釈になるとは限らない．

(55) のような否認としての解釈はもともと類似性をあえて明示的に表現することから，類似しているけれどもそのものではない．だからこそ，内容・表現を否認する解釈が生じるものと考える．つまり，類似しているが実は異なる，というところから否認の解釈が可能になっていると考えられる．Like という特定の表現の中で生み出されているので，この否認の解釈は言語規約的含意であるとも考えられるが，本章ではこの考え方は取らない．理由は 2 つあり，第一に，計算可能であること (calculable)，第二に，同様の意味を持つ他の表現でも同じような解釈が可能である (non-detachable) からである．第一の点については後述するとして，第二の点については，

---

[22] 本節の例文は一部を除き Corpus of Contemporary American English (COCA) (Davis (2008-2012)) で採取した．このコーパスを選択した理由は，収録語数の多さ，アクセスの容易さのほかに，比較的非標準的な表現でも検索結果がゼロではないからである．否認の解釈になりやすい Like you で検索している．また，コーパス上では改行がなされていないので，適宜，改行を入れるなどして読みやすくしている．

(59d) に like の意味として挙げられていた as if がそれにあたる．この表現も同じように否定の解釈になる場合がある．(79) がその例である．

(79)　Serena shook her head. "Ladies mature far faster than gentlemen, Phoebe. A lady at seventeen is ripening for marriage. A man, however, requires at least another ten years to reach that point."
　　　"And how would you know?" Phoebe scoffed. "**As if** you can claim to know anything about men, Meg."　　　　　　　　(COCA)

(79) では Phoebe の as if で始まる発話は，「男性について何か知ってるとでも言っているかのようだ」ということで，そこから男性については何も知らないという解釈が生じる．Phoebe 自身の「で，あなたにどうやってそれがわかるのかしら？(And how would you know?)」という質問に「あなたは男性については何も知らないでしょう」と答えていることになる．この例では as if に後続する anything という語が「なにも」という否定極性項目としての解釈になっているところにも注意したい．

4.2.3.　対話における先行発話のメタ表示を含む否認

　分析に先立って，(55) 以外の否認を表す like を含む例も見ておこう．前節までの議論を受け継ぎ，本節では先行発話をメタ表示した上で，否認という発語内行為を行っていると思われる like が文頭に現れる表現を検討していく．

(80)　KOTB:　　Well, here's the thing. These things, the thing—I love margaritas, but what I hate about them is they are so packed...
　　　KOTB:　　and
　　　GIFFORD:　(In unison) ... with calories!
　　　KOTB:　　**Like** you can—if we drank this whole thing, which

we won't because, you know, we won't—let's try.

(COCA)

否認は先行発話に対する異議を唱えるものであったが，(80) では what I hate about [margaritas] is they are so packed with calories の中の hate margaritas の部分が Like you can (hate them) で繰り返されている．次の (81) は実際の医師の発話の中に出てきた命令文に含まれる表現を語り手が心の中でその内容を否認するときに繰り返している．命令は，された相手が実行可能なものでなければならないが，ここでは語り手がそれを実行することが出来ないと主張するときに like を含む節を用いている．

(81) A couple years ago I told my doctor about it. "What if I'd made her go to the hospital, instead of waiting?" "She'd have died anyway. Don't let it bother you." **Like** you can let it not bother you, watching your best friend die on your bed from a botched abortion. Doctors are like that. (COCA)

(81) では not + [let it bother you] という表現はもともと医師の言葉である．それがメタ表示されて like を文頭に置く節の中で繰り返されている．その解釈は元の発話とは極性が逆になり，「それを気にしないようにはできない」という解釈になる．だからこそ，「中絶に失敗したおかげで親友が死んでいくのを見たことがあるのに (watching your best friend die on your bed from a botched abortion)」という句が理由として後続するのである．

また，(82) の例は like に後続する節の極性がもともと否定で，like によって全体が肯定に解釈される，これまでの例とは逆のパタンである．Parker の「こんなことになるとは思っていなかったのだ (I didn't mean for any of this to happen)」に対して，Drew は「そうね，バーニー・リプスコムをダンスパーティーに誘うつもりがなかったみたいにね！ (Like you didn't mean to ask Bernie Lipscomb to the prom!)」と言い返している．も

第 2 章 否認とメタ表示　　　　　　　　　　　135

ちろん，ここでは「うそだよ，バーニー・リプスコムをダンスパーティーに誘うつもりだった（あるいは，誘った）くせに」という解釈になる．そうでなければ後続する Parker の困惑を表す発話が解釈できなくなる．

(82)　PARKER:　First things first.
　　　DREW:　　Parker, I know you're trying to cheer me up, but I have to be honest. This is all your fault.
　　　PARKER:　My fault?　MY FAULT?!　I didn't mean for any of this to happen!
　　　DREW:　　Yeah, right!　**Like** you didn't mean to ask Bernie Lipscomb to the prom!
　　　PARKER:　What's that supposed to mean?
　　　DREW:　　I'll bet that was just another accident of yours that happened to screw up my life!
　　　PARKER:　Bernie Lipscomb? [dawning] You...?
　　　　　　　　[Drew didn't want to admit that—it just slipped out under pressure.]
　　　PARKER:　You liked Bernie, too?
　　　DREW:　　You know I did!
　　　PARKER:　No I didn't.　　　　　　　　　　　　　　　(COCA)

ここでは下線を引いた部分が同様の表現を用いており，先行発話で Parker によって用いられた表現が Drew によってあえて like を伴う形でメタ表示されている．その結果，極性が反転しているのである．これが先行発話における Parker の主張に対する異議，つまり否認になっていることは明らかである．

　ここまで検討してきた例ではすべて類似性の意味を合成的に計算してから否認の解釈を算出している．たとえば (81) でも，繰り返しになるが，(83) のような推論過程があると考えることができる．つまり，(77), (78) で紹

介した例のように，文頭に like + 節であったとしても，否認を表すとはいえないから，まず類似性で解釈した後，否認として再解釈するという推論を予測することができる．(以下，煩雑さを避けるために英語の内容を日本語で記述するが，日本語の表現が指しているのは英語の表現であり，日本語で同じことが成り立つかどうかについては本章では議論しない．)[23]

(83) a. 「それを気にしないようにできるみたいな」が合成的な意味
 b. 「それを気にしないようにしてください (Don't let it bother you.)」という命令ないし依頼に対する返答として理解 (not + [let it bother you] はメタ表示され，like を含む表現ではそのまま繰り返されている)
 c. 「それを気にしないようにできる」と「それを気にしないようにできるみたいな」とを比べると，後者は前者に類似した判断であることを主張
 d. Grice の量の格率2および様態の格率より，「できるみたいな」は「できる」に類似しているけれど，実際には異なるという解釈を導出
 e. 「できるみたいな」は「できない」へと極性を反転させて解釈
 f. 「それを気にしないようにはできない」となり，「それを気にしないようにしてください」という先行発話に対する否認としての解釈を導出[24]

もちろん (83f) の解釈を導出するため (83) のような推論過程が必要だとするのは1つの仮定に過ぎないが，類似性の意味がなぜ否認の解釈へと導か

---

[23] 母語話者としての直観では，日本語の「みたいな」にはこのような否認を表す用法はないように思われる．日本語では類似性の表現を，類似しているが異なるという否認の方向ではなく，断定を和らげる方向に使っているものと思われる．

[24] なお，こうした推論過程が十分に確立され，{Like/As if} that would ever happen. のようにイディオムのように使われる表現もある．「そんなこと起こるわけがない」という解釈がほぼ固定されている．各種辞典に掲載されているので参照されたい．

れるかは，おそらく (i) 類似性と一致との違い，(ii) 非断定的な表現による低いコミットメント，(iii) 字義通りの表現と類似する別の表現との比較，(iv) Grice の会話の格率などの解釈の原則，の 4 つが必要なのではないかと考えられる．

4.2.4. メタ表示を含まない否認を表す like

前節では先行発話の内容を否認する場合をみてきたが，本節では先行発話をメタ表示した上でそれに対する異議を唱えるのではない，通常の否認を行う like を文頭に配置した例を観察する．たとえば (84) において，Like you even give a shit. の部分がそれにあたる．

(84) KENNY: He used his bed sheet, waited until lights out and then jumped.
JACOB: That's terrible.
KENNY: His cell mate let him hang there the entire night.
JACOB: I'm sorry, Kenny.
KENNY: **Like** you even give a shit. I bet when you heard, you started dancing. (COCA)

(84) で Kenny は Jacob の遺憾の意の表明にたいして「意に介してもいないくせに (Like you even give a shit.)」と返している．これは前節の否認の例とも近い関係にあると考えられるが，先行する Jacob の発話には NPI である (not) give a shit に関連する表現がないので，メタ表示を伴わないものと考える．したがって (83b) の先行発話（の一部）をメタ表示する部分が存在しないことになり，極性の反転が何によって引き起こされるのかは先行発話の内容との齟齬に依存する事になる．つまり，意に介してもいないのだから，遺憾の意を表明する言葉も真実味がないということである．さらに，(84) では，強い NPI である (not) give a shit の出現も関係していると思われる．

(85) では先行の Testa の発話の "… remember?" という部分を受けて，Like で始まる節は「それを一度でも忘れさせてくれることがあるかもしれないみたいな」ということから「それを一度だって忘れさせてくれることはないだろう」という解釈になる．この否定が非明示的に含意されているからこそ ever が可能になっていると考えられる．

(85) "It's the Guys we want to keep happy, remember?" Testa let out a theatrical sigh.
　　 "**Like** you'd ever let me forget. OK, I'll go Tier Two. Will that repair the terrible damage I've done?" (COCA)

また，(85) では，NPI があることで否定の解釈がとくに導出されやすくなっていると考えられる．

　また，(86) のように，質問の適切性に関わる否認を表す like を含む表現もある．質問をする際は，通常，質問者がその答えを知らないことを前提としている．これは質問（Question）の準備条件（preparatory condition）の 1 つである（Searle (1969: 66-67)）．(86) では，その前提自体を否定することによって，質問自体に異議を唱えている．つまり，Like you don't already know. は「まるで答えをまだ知らないみたいな言い方だな」という意味から「あなたはもう答えを知っているでしょう」という解釈が導出されている．

(86) "What are you talking about?"
　　 "The Dulnari! We've already won the war. Our suits—our suits make us see Dulnari, but it's just the local life forms and whatever military they have. We're not liberating, we're conquering. It's the truth and you know it."
　　 "That's nonsense. Where did you get that idea?"
　　 "**Like** you don't already know. You saw the conversation Rina

and I had. You know why she took off her helmet." (COCA)

(86) が否認として機能するのは，先行する Where did you get that idea? に対する直接的な答えを与えるのではなく，その適切性を否定していることにある．この Like you don't already know. のように相手の質問の適切性を否定する例はこれだけではなく，COCA の例だけでも複数存在する．比較的 like を含む表現が否認として用いられやすい文脈であるといえる．

(55) もそうであるが，(87) のように like を含む否認が 2 回現れる場合もある．(87) では，彼女を愛しているという Reyes の発言に対して，「きみに分かるわけあるまい (Like you would know.)」という否認，そしてそれに対して「見落せるわけがありません (Like I could miss it.)」という否認がみられる．

(87) He hawked sourly. "Nice try, but wrong again. I don't love her."
Reyes faced him squarely, calmly. "Of course you do."
His face hardened, almost into a skull. "**Like** you would know."
"**Like** I could miss it. The way you speak about her, praise her, defend her, help her."
Oswald stalked into a corner. (COCA)

この例が興味深いのは，(55) の例はあくまで you care という同じ表現をめぐる繰り返しであったが，ここでは not know (「知らない」) と同じような事態を表す (can) miss (「見過ごす (かもしれない)」) を用いることで，表現は異なるが，同じ内容になるようになっている点である．つまり，Like I could miss it. は，Like I wouldn't know it. と同じ解釈をこの文脈で得ることができるということになる．そして，重要なことは，先行する Like you would know. を，否認を表した発話と解釈しない限り，Like I could miss it. は正しく解釈できず，Oswald が彼女を愛していたこと，そしてそれを Reyes が知っていたこと，というこの談話での内容と合わなくなってしま

うのである．この文脈では，Like + 節は否認を表す表現としてのみ用いられているのであり，その解釈は談話で交わされる発話の内容に依存している．

　ここで類似性を表す like の語彙的意味から否認の解釈が会話の含意として導出されることを示すために，類似性の解釈が分かりやすい例をあげてみよう．

(88)　"I brought that bird here from Colorado," I said. "I just released them a few days ago. I'd appreciate it if you wouldn't shoot any more of them."
"Yeah, right," he said, smiling. "**Like** you own these birds!"
"No, I'm serious."
"Yeah? How can you tell this is one of your birds? I don't see a band."　　　　　　　　　　　　　　　　　　　　　(COCA)

(88)で，語り手("I")は，男("he")が狙いをつけている鳥が，自分がコロラドから連れてきてここで放した鳥であると主張しているので，男の発話が「まるでここら辺の鳥を所有しているみたいですな」という解釈であってもよいわけであるが，男の最後の発話で鳥がバンドを着けていないのでほんとうに語り手のものかどうか分からないと言っているので，やはり「ここら辺の鳥を（ぜんぶ）所有しているわけではないでしょう」という like を含む発話が否認として解釈されやすくなる．つまり，あくまで類似性の解釈があって，そこから否認の解釈が計算されると考えたい．メタ表示を含む否認で提示した(83)のような解釈の導出プロセスを，メタ表示を含まない否認の例でも基本的に受け継ぐことができそうである．

(89) a.　「まるでここら辺の鳥を所有しているみたいですな」
　　　b.　先行発話は鳥をもうこれ以上撃たないでほしいという依頼
　　　c.　依頼に対する返答として Like you own these birds! を解釈

d. Grice の量の格率 2 および様態の格率より，「しているみたい」は「している」に類似しているけれど，実際には異なるという解釈を導出
e. 「しているみたい」は「していない」へと極性を反転させて解釈
f. 「ここら辺の鳥を（ぜんぶ）所有しているわけではないでしょう」となり，そこから先行発話の依頼の適切性を問題視

(83) に関連して述べた通り，(89) においても，(i) 類似性と一致との違い，(ii) 非断定的な表現による低いコミットメント，(iii) 字義通りの表現と類似する別の表現との比較，(iv) Grice の会話の格率などの解釈の原則，の 4 つが必要なのではないかと考えられる．

4.3. Like ＋節のパタンにおける解釈上の極性反転の原理

4.2 節で多くの否認を表す like＋節を検討したが，否認を会話の含意と捉えたため，否認の導出プロセスを (83)，(89) で述べた際に，(e) で極性が反転すると述べた．では，この極性の反転はどうして可能かといえば，類似性というのは似ているけれども実際のものとは異なることであるからだとした．しかし，これは like に後続する節で表される内容に対するコミットメントの低さを示唆するが，それがなぜ極性反転するのかは明らかではない．そこで (55) の最初の Like you care. を題材に，極性反転の仕組みを考えてみたい．話し手に便宜上番号をふってある．文脈を思い出していただきたいが，院長 Cuddy は病院経営の健全化のため，House に彼の部下の医師を 1 人解雇するように求めている．一気に決めて解雇してしまったほうがいいという Cuddy と，珍しく部下のことを思いやる House との会話であった．

(90) Cuddy1: There's no way out of this. You might as well get it over with as fast as you can, like ripping off a Band-aid.
House2: Only instead of a two-cent piece of tape and gauze, it's a human being.
Cuddy3: **Like** you care.

(*Dr House*, Season 1 Episode 16, 00:48:00)

まず否認という発語内行為は先行発話がなければ行えないので，Cuddy3 は「そんなことあなたは気にしてないくせに」という解釈であるから，House2 から House があたかも自分の部下の医師のことを気にかけているという含意がなければならない．House2 にはそういう含意が存在する．「バンドエイドと違って，人間なのだ」という House2 から，人間はバンドエイドよりはずっと価値がある，だから，「私は彼らのことを気にかけている (I care about them.)」という（語用論的な）含意が生じる．その点に Cuddy3 は異を唱えているのである．そして，Cuddy3 が字義通りの意味（「あなたは彼らのことを気にかけているみたいですね」）であった場合，Cuddy1 の内容およびこれまでの House との付き合いで把握した House の考え方とも相容れない内容になる．したがって，極性の反転が起こるのである．図示してみよう．まず，(71) の be like の語彙的意味を参考にして，語彙としての like が示唆する含意を (91) に挙げておく．これをもとにして，たとえば (92) のような解釈の仕組みから極性の反転が起こるのではないかと考えることもできる．

(91) Like: 部分的な模倣で，正確でなく，コミットもしてない，見せ掛け（「かのような (as if)」），表示対象と「距離」をとる．

(92)

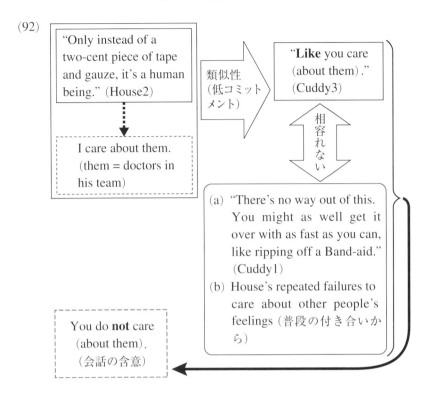

　(92) の妥当性については議論の余地があると考えられるが，like が文頭に置かれることで話し手のコミットメントが低くなり，一種の見せ掛けのような，表示対象とは一定の距離をとる態度の表明と捉えられ，[25] さらに，会話の他の発話や言語外の文脈や知識が契機になって，極性の反転が起こり，極性の反転した解釈が会話の含意として導出されるという提案である．

　そして，メタ表示を含む例 (93, House4) では，先行する Cuddy3 の Like you care. という発話を受けて，House4 は同じ表現を利用している．ここは極性を反転させて，相手も普段の付き合いから分かる考え方とは異なることを述べていることを指摘している．

---

[25] これが関連性理論のアイロニーのエコー分析につながる．Wilson (2006) などを参照のこと．

(93) Cuddy1: There's no way out of this. You might as well get it over with as fast as you can, like ripping off a Band-aid.
House2: Only instead of a two-cent piece of tape and gauze, it's a human being.
Cuddy3: **Like** you care.
House4: **Like** you don't.
[The elevator door opens]
Cuddy5: You have a week. Get it done.

(Dr House, Season 1 Episode 16, 00:48:00)

(92) で提案された会話の含意としての解釈を逆手にとり、日ごろから人を大事にする院長 Cuddy が、その信念にそぐわない発話 Cuddy1 や Cuddy3 を行っていると指摘している。形式上は (94a) のように don't をメタ表示された表現に埋め込んだだけのように見えるが、実際には you の指示対象は House から Cuddy に変っており、むしろ (94b) のように Cuddy3 から得られる会話の含意をメタ表示（ここでは van der Sandt (1991, 2003) にならって、アスタリスクをつけてメタ表示であることを示している）し、それに like を前置することで Cuddy3 の含意に対する異議申し立て（否認）を行っているのである。つまり (93, House4) の解釈は、(94c) のようになる。

(94) a. House4: [Like you care] + don't
b. House4′: <Like *[you don't (care)]>[26]
c. 'You (=Cuddy) care (about them).'

これで冒頭の (55) で示した like + 節のパタンの解釈について、一定の理解が得られたことになる。4 節で展開した引用表現 be like から否認を表す

---

[26] エコー引用（対話の自由間接話法）（山口 (2009)) も参照。

likeにいたる議論は，類似性から低いコミットメントのメタ表示へと移行することを通時的に観察することから始まり，likeの語彙的意味に内在することから，likeに後続する節と，先行発話に含まれる含意との間の類似性（によるコミットメントの低下や一定の心理的距離感も含む）がlikeによって表示され，そのlikeに後続する節が発話の文脈を契機として極性を反転させると分析した．

5. まとめ

本章ではメタ表示を含む否認を論じた．まず，フレーゲの否定と（肯定・否定）判断についての考え方を振り返り，否定と否認，主張の関係について検討した．Horn (1985) 以来研究されてきたメタ言語否定に関する研究を概観した後，これまでほとんど研究のなかった，(a) タブー表現を使って先行発話を否認する発話，(b) 類似性を表す like を使って否認を表す発話，を検討した．[27]

参考文献

Barbieri, Federica (2005) "Quotative Use in American English: A Corpus-Based, Cross-Register Comparison," *Journal of English Linguistics* 33(3), 222–256.
Buchstaller, Isabelle and Ingrid van Alphen, eds. (2012) *Quotatives: Cross-Linguistic and Cross-Disciplinary Perspectives*, John Benjamins, Amsterdam.
Buchstaller, Isabelle and Ingrid van Alphen (2012) "Introductory Remarks on New

---

[27] 本章が完成した後，英語語法文法学会第22回大会（於摂南大学）において，前田満氏が否定を表す Like + 節を脱従属化構文として論じていた．It's not like + 節の It's not の部分が消失し，否定の意味が Like に残留するとする主張であった．本章での説明とは異なるが，Like + 節の歴史的発展の観点から考える興味深い主張である（前田 (2014)）．ただ，この場合，本章で観察したように，as if でも同じ解釈になることや，Like + 節が常に否認になるとは限らない点は，問題になるかもしれない．

and Old Quotatives," in Isabelle Buchstaller and Ingrid van Alphen (eds.), xi-xxx.

Cappelen, Herman and Ernie LePore (2007) *Language Turned on Itself: The Semantics and Pragmatics of Metalinguistic Discourse*, Oxford University Press, Oxford.

Carston, Robyn (2002) *Thoughts and Utterances*, Blackwell, Oxford.

Clark, Herbert and Richard Gerrig (1990) "Quotation as Demonstrations," *Language* 66, 764-805.

Davis, Wayne (2011) ""Metalinguistic" Negations, Denial, and Idioms," *Journal of Pragmatics* 43, 2548-2577.

Fox, Sue (2012) "Performed Narrative: The Pragmatic Function of *This Is* + Speaker and Other Quotatives in London Adolescent Speech," in Isabelle Buchstaller and Ingrid van Alphen (eds.), 231-257.

フレーゲ，ゴットロープ (1918 [1999]) "Die Verneinung—Eine Logische Untersuchung."［野田和幸（訳）「否定―論理探究 [II]」黒田亘・野田和幸（編）『フレーゲ著作集4　哲学論集』, 237-262, 勁草書房，東京.］

Geurts, Bart (1998) "The Mechanisms of Denial," *Language* 74, 274-307.

Givón, Talmy (1978) "Negation in Language: Pragmatics, Function, Ontology," *Syntax and Semantics* 9: *Pragmatics*, ed. by Peter Cole, 69-112, Academic Press, New York.

Grice, Paul (1975) "Logic and Conversation," *Syntax and Semantics* 3: *Speech Acts*, ed. by Peter Cole and Jerry. L. Morgan, 41-58, Academic Press, New York.

Grice, Paul (1989) *Studies in the Way of Words*, Harvard University Press, Harvard.

Horn, Laurence (1985) "Metalinguistic Negation and Pragmatic Ambiguity," *Language* 61, 121-174.

Horn, Laurence (1989) *A Natural History of Negation*, Chicago University Press, Chicago.

五十嵐海理 (2001)「これまでに指摘されてこなかった尺度含意の否定の例に関する考察」『敬和学園大学研究紀要』第10号, 231-246.

五十嵐海理 (2009a)「My N による拒絶」『六甲英語学研究』第11号, 1-15.

五十嵐海理 (2009b)「Father my eye!: 否定を表す構文」『日本語用論学会第11回大会発表論文集』, 245-248.

Igarashi, Kairi (2010) " 'Like Hell' and Polarity Reversal," *JCLA* 10, 44-54.

Igarashi, Kairi (2011) "Objection, Negation and Particles," paper presented at Workshop "Discourse Structure and Implicatures," 23-25, February 2011, Gottingen, Germany.

Ladusaw, William (1980) "On the Notion of 'Affective' in the Analysis of Nega-

tive Polarity Items," *Journal of Linguistic Research* 1, 1-16. [Reprinted in *Formal Semantics: The Essential Readings*, ed. by Paul Portner and Barbara Partee, 2002, 457-470, Blackwell, Oxford.]
Lambrecht, Knud (1990) ""What, Me Worry?" —Mad Magazine Sentences Revisited," *BLS* 16: *Parasession on Negation*, 215-228.
前田満（2014）「構文化の射程と文法化」『英語語法文法学会第 22 回大会予稿集』, 82-89.
Meehan, Teresa (1991) "It's Like, 'What's Happening in the Evolution of *Like*?': A Theory of Grammaticalization," *Kansas Working Papers in Linguistics* 16, 37-51.
中島信夫（2013）「メタ表示とはどういうものか」『甲南大學紀要 文学編』163, 91-100.
Napoli, Donna Jo and Jack Hoeksema (2009) "The Grammatical Versatility of Taboo Terms," *Studies in Language* 33, 612-643.
Noh, Eun-Ju (2000) *Metarepresentation*, John Benjamins, Amsterdam.
Partington, Alan (2007) "Irony and Reversal of Evaluation," *Journal of Pragmatics* 39, 1547-1569.
Pitts, Alyson (2011) "Exporing a 'Pragmatic Ambiguity' of Negation," *Language* 87, 346-368.
Romaine, Suzanne and Deborah Range (1991) "The Use of *Like* as a Marker of Reported Speech and Thought: A Case of Grammaticalization in Progress," *American Speech* 66(3), 227-279.
Russell, Bertrand (1919) "Descriptions," *Introduction to Mathematical Philosophy*, 167-180, Routledge, London.
Seto, Kenichi (1998) "On Non-Echoic Irony," *Relevance Theory: Applications and Implications*, ed. by R. Carston and S. Uchida, 240-255, John Benjamins, Amsterdam.
Searle, John (1969) *Speech Acts*, Cambridge University Press, Cambridge.
Spenader, Jennifer and Emar Maier (2009) "Contrast as Denial in Multi-Dimentional Semantics," *Journal of Pragmatics* 41, 1707-1726.
Sperber, Dan (2000) "Chapter 1 'Introduction'," in Sperber (2000), 3-13.
Sperber, Dan, ed. (2000) *Metarepresentation: A Multidisciplinary Perspective*, Oxford University Press, Oxford.
Spronck, Stef (2012) "Minds Divided: Speaker Attitudes in Quotatives," in Isabelle Buchstaller and Ingrid van Alphen (eds.), 71-116.
Traugott, Elizabeth Closs (1982) "From Propositional to Textual and Expressive Meanings: Some Semantic-Pragmatic Aspects of Grammaticalization," *Perspectives on Historical Linguistics*, ed. by Winfred Lehmann and Yakov Malkiel,

245-338, John Benjamins, Amsterdam.

van der Sandt, Rob (1991) "Denial," *CLS* 27: *Parasession on Negation*, 331-344.

van der Sandt, Rob (2003) "Denial and Presupposition," *Perspectives on Dialogue in the New Millenium*, ed. by Peter Kühlein, Rieser Hannes and Henk Zeevat, 59-77, John Benjamins, Amsterdam.

Vandelanotte, Lieven and Kristin Davidse (2009) "The Emergence and Structure of *Be like* and Related Quotatives: A Constructional Account," *Cognitive Linguistics* 20(4), 777-807.

Vandelanotte, Lieven (2012) "Quotative *Go* and *Be Like:* Grammar and Grammaticalization," in Isabelle Buchstaller and Ingrid van Alphen (eds.), 173-202.

Wilson, Deirdre (2000) "Metarepresentation in Linguistic Communication," in Sperber (ed.) (2000), 411-448.

Wilson, Deirdre (2006) "Pragmatics of verbal irony: Echo or pretence?" *Lingua* 116, 1722-1743.

Wilson, Deirdre (2013) "Irony Comprehension: A Developmental Perspective," *Journal of Pragmatics* 59, 40-56.

山口治彦 (2009)『明晰な引用,しなやかな引用』くろしお出版,東京.

Yoshimura, Akiko (2013) "Descriptive/Metalinguistic Dichotomy?: Toward a New Taxonomy of Negation," *Journal of Pragmatics* 57, 39-56.

第 3 章

英語ジョークとメタ表示をめぐって

東森　勲

1. はじめに

　この章では英語のジョークを関連性理論の枠組みで，東森 (2006, 2009, 2011), Muschard (1999), Yus (2003, 2008, 2013) の言う incongruity, discrepancy を「ずれ」と呼んで，ジョークの笑いのユーモアの認知効果 (cognitive effect) はこの聞き手や読者における理解過程（処理労力 processing effort）における「ずれ」と考えます．

> i) Incongruity and the resolution of incongruity in jokes means that first certain assumptions are evoked which then are abandoned and replaced by new contextual implications.
>
> (Muschard (1999: 17))
>
> ii) The resolution of the incongruity, by finding an overall coherence sense of the whole text, together with the addressee's realization of having been fooled into selecting a specific interpretation, is supposed to trigger a humorous effect.
>
> (Yus (2003: 1309))

英語ジョークのデータとして，本章ではメタ表示を含んだ例を考えます．

ジョークとメタ表示と，ジョークと言語表示 (linguistic representation) の引用をまず，見てみましょう．

最初の引用は，ジョークとメタ表示についてです．

Propositional attitudes, or the speaker's attitudes towards a proposition expressed in an utterance, are instances of metarepresentation. A metatarepresentational ability to ascribe certain propositional attitudes to the speaker enables us to understand what the speaker meant by the utterance, which typically deviates from what is linguistically encoded by the utterance (Sperber and Wilson 1995). Propositional attitudes can be communicated overtly or tacitly. <u>In the case of jokes or ironies, the attitudes that the speaker does not believe the proposition expressed has to be tacit, for it to be successful.</u>

(Matsui (2010: 269)) (下線筆者)

次は，言語表示 (linguistic representation) とメタ表示の引用です．

As well as descriptively representing entities, properties, and states of affairs in the world, <u>our thoughts and utterances may metarepresent other linguistic or mental representations</u> and to several levels of representational embedding.
(Frapolli and Carston (2007) "Introduction: Representation and Metarepresentation." In Frapolli, M. J. (Ed.), *Saying, Meaning, Referring: Essays on the Philosophy of Francois Recanati*. Palgrave Macmillan, p. 1) (下線筆者)

次の第2節で，メタ表示とは何かを見てみましょう．

2. メタ表示とジョーク分析の基本的な考え方について

2.1. メタ表示の定義

Wilson (2000: 414) の心的表示・公的表示・抽象的表示については序章で述べたが，もう一度ここで，まとめてジョークとの関係を見ていく．

> 公的表示 (public representation): 発話 (utterance)
> 心的表示 (mental representation): 思考 (thought)
> 抽象的表示 (abstract representation): 文 (sentence)・命題 (proposition)

本章ではメタ表示とジョークでは次のように考えることとする：

> ある表示と別の表示が関わるものをメタ表示とジョークとして扱う．使用されるジョークには抽象的表示のなかに出現する言語的表示が関わるものをおもに扱う．内容および，形式で，類似性が関わるものを詳しく見ていく．
> Cf. Noh (2000: 211) a representation is used to represent another representation, which it resembles in some respect: e.g. in content or in form.

2.2. 言語表示について

Noh (2000: 131) によるメタ表示要素としての言語形式について ('a metarepresentational element singling out aspects of linguistic form') 言語表現や，形態論，発音など (the linguistic expression "happy"; the plural morphology; the pronunciation) を扱っている (Cf. Noh (2000: 165) metarepresentation of linguistic form: pronunciation, or morphology). さらに，エコークエスチョンでは言語使用域や文体なども扱っている (Cf. Noh (2000: 153) Echo questions can also be used to question the register or style of the echoed utterance.). Cf. Noh (2000: 157) Echo question can also be used to metarepresent form.

2.3. 非帰属的メタ表示 (Non-attributive use) と帰属的メタ表示 (attributive use)

Wilson (2000: 413) は非帰属的メタ表示として，高次表示 (higher-order representation) が発話 (あるいは思考) であり，低次表示 (lower-order representation) がある人に帰属しない用法 (non-attributive) の文，発話，命題，名前，単語，概念として，以下のものをあげている：

(i) i) 文 (sentence)： 'Dragonflies are beautiful' is a sentence of English.
 ii) 発話 (utterance)： 'Shut up' is rude.
 iii) 命題 (proposition)： *Roses and daisies are flowers* entails that roses are flowers.
 iv) 名前 (name)： I like the name 'Petronella'.
 v) 単語 (word)： 'Abeille' is not a word of English.
 vi) 概念 (concept)： *Tulip* implies *flower*.

また，Noh (2000: 134) は帰属的メタ表示として次のように説明している： cases of attributive metarepresentational use, where a public representation (an utterance) and a private representation (a thought) are metarepresented and attributed to some sources.

(ii) A: Did you talk to the pretty girl at the party?
  B: The "pretty girl" was not pretty. Her makeup deceived us.
            (Noh (2000: 141))

Noh (2000: 141) によると (ii)B の "pretty girl" は A の発話をメタ表示されていて，その帰属的メタ表示は，語用論的に豊かな表示にすると，B は

次のようになると分析している：The one who you(=A) call "a pretty girl" was not pretty.

2.4. 解釈的用法 (interpretive use)／言い換え (reformulation) とメタ表示

(iii)′ Peter: Then what did she (=Mary's supervisor) say?
　　　 Mary: The argument is invalid.

(Noh (2000: 162))

Mary の発話 "The argument is invalid" は記述的用法ではなく，Peter のいったセリフを類似性 (resemblance) に基づく表示として解釈的用法として使用している．したがって，命題「その議論は有効でない」に対する態度を明示的に示すメタ表示 "She (=Mary's supervisor) said the argument is invalid" に埋め込まれて理解される．Cf. interpretive use, or more generally representation by resemblance/attributive interpretive use: to metarepresent the propositional content expressed by A's utterance/Interpretive resemblance or resemblance in content

(iii)″ A: *My mother and father* are coming tonight?
　　　 B: Your parents are coming tonight?

(Noh (2000: 150))

B の your parents は A の My mother and father というもとの表示を言い換えている．

Cf. Bataller (2002: 34–35) "Relevance theorists further distinguish between *metalinguistic* and *interpretive* uses of language, both existing in a continuum. In the former, speakers are able to metarepresent an utterance (as in (i)) or thought (as in (ii)) in virtue of shared formal properties between original and quotation. Such is the case with direct speech. In the latter, speakers <u>metarepresent</u> an utterance or thought in virtue of shared logical or contextual properties (i.e. content). This is the case of indirect speech (see below).

(i) John: What did Mary say about the party?
  Peter: (a) She said: "It was fantastic."
      (b) It was fantastic.
      (c) She thinks it was fantastic.

The metarepresentational (illocutionary-force) indicator can be overtly expressed (as in (ia), (ic)) or pragmatically inferred (as in (ib)) … (ib) can be interpreted as a metarepresentation of both an utterance or a thought, where the metarepresetational indicator has been left implicit."

(下線筆者)

2.5. 引用について

Wilson (2000: 413) は引用 (quotation) を4種類に分類している：

(iv) i) 直接引用：<u>Mary said to me, "You are neglecting your job."</u>
   ii) 間接引用：<u>Mary told me I was not working hard enough.</u>
   iii) 直接＋間接引用：<u>According to Mary, I am "neglecting" my work.</u>
   iv) 自由間接引用：<u>Mary was pretty rude to me. I am neglecting my job!</u>

Noh (2000: 72-100) では言語的メタ表示 (Linguistic Metarepresentation) として以下の区分をしている：

Varieties of Linguistic Metarepresentation I: Quotations

(v) i) Pure quotation: Metarepresentation of abstract linguistic expressions and propositions: <u>"Life" has four letters.</u>

(Noh (2000: 9))

ii) Reported speech and thought: Metarepresentation of attributed utterances and thoughts:

Peter to John: <u>Leave here at once, and never come back.</u>

Mary: <u>Peter said," Leave here at once, and never come back."</u> (Noh (2000: 13))

iii) Mixed quotation: Metarepresentation of attributed expressions: <u>The teacher used "the rod of love" to make us learn better.</u> (Noh (2000: 18))

Varieties of Linguistic Metaprestation II: Non-quotations

(vi) Echoic metarepresentation of utterances and thought

i) Echoic use: A: <u>She is beautiful.</u> B: <u>She is beautiful, I agree.</u> (Noh (2000: 91))

ii) Irony as implicit echoic use: <u>Oh to be in England. Now that April's there</u> (Browning, *Home thoughts from abroad*).

(Noh (2000: 96))

iii) Metarepresentation of desirable utterances and information: <u>Are you coming to the party?</u> (Noh (2000: 99))

Cf. Wilson (2000: 432)

"Echoic utterances add an extra layer of <u>metarepresentation</u> to the communicated content, since not only the attribution but also the speaker's attitude must be represented."

i) Peter: That was a fantastic film.

Mary: a) (happily) Fantastic.

b) (puzzled) Fantastic?

c) (scornfully) Fantastic!　　　　　（下線筆者）

2.6. 表現されていない思考

Noh（2000: 148）では表現されない思考について次のように述べています：unexpressed thoughts (whether intentionally communicated or not) can also be echoed. Cf. he echoed a thought attributed to A on the basis of what has been said.

2.7. メタ表示と条件文

Noh（2000: 186-191）では前件にメタ表示を含む場合（metarepresentational antecedents）と後件にメタ表示を含む場合（Noh（2000: 199-205）metarepresentational consequents）を検討している．

i) A: I loved her.
B: If you loved her (=you believe/say you loved her), why didn't you come to the party?　　　(Noh（2000: 187）)

ii) [The door bell is ringing.]
Mary to Jane: If that's John, I'm not here (=you tell him I am not here).　　　(Noh（2000: 204）)

上例 i) B は前件にメタ表示で，ii) は後件にメタ表示の場合である．（さらに詳しくは本書，第2章（中島）参照のこと）

3. メタ表示とジョークの分析

3.1. ジョークと言語表示

Noh（2000: 131）では言語形式が関わるメタ表示要素として，エコー疑問文を，用いて，言語表現 "happy"，複数形態素 "mouses"，発音形式 [tomeiDouz] などを扱っているが，ジョークの言語的表現は以下に示すように，

もっと種類も多く多岐にわたるものである．

3.1.1. 単語（word）とメタ言語表示

(1) Why should you never date a tennis player?
　　Because love means nothing to them.　　　（Tibballs (2012: 533)）
(2) Beware of tennis players—*love* means 'nothing' to them.
　　　　　　　　　　　　　　　　　　　　　　　（Tibballs (2006: 540)）

　Wilson (2000: 413) の用語を用いると，例 (1), (2) は非帰属的メタ表示の例として，高次表示（higher-order representation）が発話：Because love means nothing to them, Beware of tennis players *love* means 'nothing' to them であり，低次表示（lower-order representation）がある人に帰属しない用法（non-attributive）で単語：love, *love* であると分析できる．

　単語 love の，文字通りの言語表現と，テニス用語としてのメタ言語表示のずれにより，おもしろさを生み出している．[1]

(1)′ 通常の love の文字通りの言語表示の場合：
　　 Tennis players are short on emotional commitment to sexual relationships.
(1)″ love がテニス用語としてのメタ言語表示の場合：
　　 Tennis players use the word *love* to mean 'zero'.
　　 ずれ：(1)′, (1)″の解釈の落差によりジョークのおもしろさを生み出している．なお，後者の表示を通例はメタ言語使用としている．
Cf.　Goatly (2012: 6) "The ambiguity depends upon the fact that lan-

---

[1] Attardo (ed.) (2014: 752) ではずれについて次のように述べている：
　Incongruity theory is based on the notion that there is often a difference between what we expect and what we get. In many cases, there is a comic dimension to these chance events, accidents, or what you will, thus, for an incongruity theorist, anyone and anything can be a target of humor.

guage can either be used to make a statement about the world beyond language or be mentioned in order to make a statement about language itself. ... So in "love means nothing to them", "love" is either involved in describing the sexual mores of tennis players, a use, or has its own meaning described, i.e. 'nothing', a mention. In this latter case the language employed to describe the meaning is called metalanguage, ..." （下線筆者）

3.1.2. De dicto 表示

(3) Q: What do ducks do before they grow up?
　　A: They grow down.

(Aarons (2012: 7))

この例文 (3A) は英語という言語でのみジョークとして解釈され，高次表示は発話であり，質問の grow up（具体世界で「成長する」）に対して，その反対の言語表示で答えは低次のメタ言語表示 grow down（ことばの世界で 'grow down'）となり，両者の表示のずれからジョークの理解となっている．

> ずれ：常識では（大きくなる前）は（小さい）であるが，ここではことば遊びで grow down とメタ言語表示しているところがずれている．
> Cf. "the de dicto humor in Joke (3) ... is entirely dependent on the linguistic form of the relevant parts of the joke. Jokes of this sort are known as jokes *de dicto* (jokes that are about words).
> 　　　　　　　　　　　　　　　(Aarons (2012: 7))［下線筆者］[2]

---

[2] Attardo (ed.) (2014: 789-790) では古代ローマの詩人キケロ以来，de dicto, de re ユーモアの2分法の研究は，長い伝統があり，多数の学者が違った用語を用いているとして述べている：

なお，世界中のどの言語にも翻訳可能なジョークは *de re* humor として，以下の下線部はメタ言語表示でなく，現実世界の表示が関わる．("(i) … retains its humorous effect if expressed in any language" (Aarons (2012: 7)))：

(i) Texas tourist: Back home it takes me the best part of a day to drive from one side of my ranch to the other.
　　 Local farmer: Ah sure, I had a car like that once …!
（この例ではテキサスから来た旅行者が自分の牧場は広いから端から端まで車でいくのに丸一日かかるというが，聞き手は，それは牧場が広すぎるからではなくて，車がおんぼろだったとやり返している．）

3.1.3. ジョークと語形成

(4) What do you call a country where all the cars are pink?
　　 A pink carnation.　　　　　　　　　　　　(Tibballs (2012: 55))

"Verbal humor can be used to distinguish humor that is expressed verbally but is not "referential humor." Verbal humor is humor that involves, crucially and besides the normal semantic and pragmatic mechanisms of any form of the signifier of the utterance or parts of it.

The signifier is the physical medium of the linguistic expression (sounds, written letters, etc.) This includes all "formal" levels: the phonetic, phonological, morphological, and syntactic levels. Referential humor, on the contrary, is based only on semantic and pragmatic factors, or the meanings of words and their context.

The distinction between referential and verbal humor is meant to parallel the distinction, already introduced by Cicero, between humor *de re* (of the subject matter) and *de dicto* (of the expression). Cicero's exact wording is … This opposition has been used by many scholars often with a different terminology and without acknowledging the original source, including Violette Morin (referential vs. semantic) Umberto Eco (situational play vs. play on words), Pierre Guiraud (bon mots (quibs) vs. puns), Charles Hockett (prosaic vs. poetic), Sigmund Freud (verbal vs. conceptual) and many others."

文字通りの言語表示 1： ピンク色のカーネーション．

メタ言語表示 2： ピンク色の (=pink) ＋車の (=car) ＋国 (=nation)

ずれ： 言語表示 1 とメタ言語表示 2 の違い．

以下の (5)-(7) は類例：

(5) What did the mother name her identical twin sons?
Pete and Repete. (Tibballs (2012: 59))
<Re + Pete>=repeat と同じ発音

(6) Why do seagulls fly over the sea?
Because if they flew over the bay, they'd be bagels.

(Tibballs (2012: 74))

<Sea + gulls><Bay + gulls=bagels と発音が類似 >

(7) Why do they call it rush hour when nothing moves? [rush は人・車などが急いで行くの意だが rush hour は混雑する時間のみを指す]

(里中 (2008: 83))

3.1.4. 単語か接尾辞か

(8) There are three rings involved with marriage. The engagement ring, the wedding ring, and the suffering.
(https://www.englishclub.com/ref/esl/Quotes/Marriage/There_are_three_rings_involved_with_marriage..._2702.htm)

言語表示 1： suffering（苦しみ）

engagement ring (noun): a ring that a man gives to a woman when they decide to marry

wedding ring (noun): a ring that a married person wears

suffering (noun): a bad and painful feeling

メタ言語表示 2： suffering <suffer + ring（指輪）> と分析し，語

第3章　英語ジョークとメタ表示をめぐって　　　　　　　　　　161

の一部が ring となる．

> **ring** (noun): a small, round, metal band that you wear on yourfinger

(engagement ring（婚約指輪），wedding ring（結婚指輪）と並んで suffer+ring と分析するところに，おもしろさがある．）

ずれ：　言語表示1，メタ言語表示2の違い．

(9)　A politician was trying to drum up votes at a senior's community center.
"If I'm elected," he promised, "I'll get rid of socialism, communism, and anarchism."
"Yeah," interrupted an old man from the back of the room, "and let's throw out rheumatism, too."

(里中 (2008: 248))

言語表示1：　rheumatism は病気の名前．

メタ言語表示2：　rheumat + ism と分析して，socialism, communism, anarchism と同様に，ism は政治に関する考え方を指す接尾辞のようにみなしている．

ずれ：　言語表示1とメタ言語表示2の違い．

3.1.5.　文法用語（専門用語の意味と具体世界の用例のずれ）

(10)　Teacher: "Name three collective nouns."
Little Johnny: "Waste basket, vacuum cleaner and garbage truck."

(Tibballs (2012: 480))

言語表示1：　collective nouns を，子供は専門用語と知らずに具体世界で「ごみを集めることに関する（=collective）名詞」と解釈．

メタ言語表示2：　collective nouns は文法用語で「集合名詞」の意．

ずれ：　言語表示1とメタ言語表示2のずれ．

(11) Prepositions shouldn't be used to end sentences with.

(里中 (2008: 90))

言語表示1：「前置詞で終わる文はよくない」の意.

メタ言語表示2： 前置詞のこの定義文で「前置詞で終わる文はよくない」と言いながら前置詞（with）で文が終わっているという矛盾がある．

ずれ： 言語表示1とメタ言語表示2のずれ．

以下は類例：

(12) Don't do no double negatives.

[double negatives は二重否定で「二重否定を使わないように」と言いながら n't と no が二重否定となっている]

(13) A: What is the future tense of "marry"?

[future tense は未来時制で "marry" の未来は "will marry" でなく divorce（離婚）となっている]

B: Divorce. (里中 (2008: 192))

3.1.6. アメリカ英語かイギリス英語か

(14) Dr. Watson: "Holmes, what's another name for a primary school?"

Sherlock Holmes: "Elementary, my dear Watson."

(Tibballs (2012: 481))

言語表示1： これはシャーロックホームズからの引用で，"Elementary, my dear Watson" は「基本だよ，ワトソン君」という決まりセリフ．

メタ言語表示2： Elemantary は「小学校」を表すのに，イギリス英語では primary school というのに対して，アメリカ英語では

elementary school ということを問題としている．言語使用域 (register) の違いの例．

ずれ：　言語表示1とメタ言語表示2のelementaryの意味のずれ．

3.1.7. 音の形式
3.1.7.1. 同音異義語

(15) Of the six senses, the most important is common sense.

(里中 (2008: 84))

言語表示1：　sense は「感覚」の意で，common sense は「共通の（普通の）感覚」の意．

メタ言語表示2：　common sense は成句では「常識」の意．

ずれ：　言語表示1，メタ言語表示2の違い．

(16) Middle age is when your age starts to show around your middle.

(里中 (2008: 112))

言語表示1：　middle age は「中年」の意．

メタ言語表示2：　middle はことばの世界で「おなか」の意．

ずれ：　言語表示1，メタ言語表示2のずれ．

3.1.7.2. その他の類似音

(17) What's orange and sounds like a parrot?—A carrot.

(Goatly (2012: 9))

言語表示1：　carrot は「にんじん」の意．

メタ言語表示2：　carrot は parrot と音が類似している．

ずれ：　言語表示1とメタ言語表示2のずれ．

(parrot と carrot が言葉世界での音の類似性を示し，おもしろくなっ

ている)³

以下は類例：

(18) What do you get when three giraffes collide?
A giraffic jam. (Tibballs (2012: 37))
<A traffic jam との類似性>

(19) What do you get if you cross a pig with a dinosaur?
Jurassic Pork. (Tibballs (2012: 36))
<Jurassic Park との類似性>

3.1.7.3. Metathesis（音の入れ替え）

(20) What is the definition of an agnostic, dyslexic insomnia?
Someone who lies awake at night wondering if there's a dog.
(Groucho Marx, 1890-1977) (Aarons (2012: 121-122))
語表示1： an agnostic の定義は 'someone who wonders whether there is a god'
言語表示2： an insomnia の定義は 'someone who lies awake at

---

³ Attardo (ed.) (2014: 612-613) ではだじゃれ (pun) を完全なだじゃれ (perfect pun) 不完全なだじゃれ (imperfect pun) に2分している：

"A pun is a type of jokes in which one sound sequence (e.g., a word) has two meanings, and this similarity in sound creates a relationship for the two meanings from which humor is derived.

(i) What did the fish say when it swam into the wall? Damn.

In this example, the punch line "Dam(n)" is appropriate in two of its meanings: a structure walling in water in which fish swim can be a dam, and, given its painful accident, a fish might exclaim "damn" (never mind that fish don't swear, or speak at all, because for the sake of jokes such inconsistencies are ignored) ... this pun is homophonic (identically sounding), but not homographic(identically written)"

"A perfect pun is a pun in which the two meanings surface in the same sound sequences, or word; whereas an imperfect, but otherwise possibly just as humorous, pun is one in which the sound sequences, or words, are similar, but not identical."

第 3 章　英語ジョークとメタ表示をめぐって　　　　　　　　165

night'

想定（= 知識）：　dyslexic とは mixes up the order (and often orientation) of the letters s/he reads の意．

メタ言語表示 4：　Someone who lies awake at night wondering if there's a <u>dog</u>

（言語表現 1 の定義が普通だが，難読症で不眠症のため，言語表現 1 の god のスペルの順番を間違えて，dog と変換し，下線部の定義となる）

ずれ：　言語表示 1 の god とメタ言語表示 4 の dog のスペルのずれ．"The important one (=play) for phonology is the metathesis involved in switching *god* to *dog*. The course of the joke is as follows: an agnostic is someone who wonders whether there is a god, an insomnia may be said to lie awake at night, and a dyslexic, by sloppy definition, mixes up the order (and often orientation) of the letters s/he reads. In this case, it is the phonemes as well as letters that are switched. Jokes as clever as this one demonstrating metathesis are hard to come by."　　（Aarons (2012): 121-122))

3.1.8.　スペリングの形式
3.1.8.1.　単語の一部に同じスペルを含む場合

(21)　What is the best <u>key</u> to get at Christmas? A tur<u>key</u>!

　　　　　　　　　(http://emailsanta.com/jokes_Christmas.htm)

言語表示 1：　turkey は七面鳥の意．

メタ言語表示 2：　tur+key(鍵) と分析している．この例では，英語の <u>key</u>「鍵，キー」とクリスマスに食べるシチメンチョウの tur<u>key</u>「ターキー」が同じスペルを含んでいることがメタ言語表示となっている．

ずれ： 言語表示1とメタ言語表示2のずれ．

(22) Which city gives you lots of shocks?
Electricity. (*Trific Jokes* (2002: 31))
言語表示1： electricity は「電気」の意．
メタ言語表示2： electri + city (都市) と分析している．
ずれ： 言語表示1とメタ言語表示2 (ことばの世界：スペル一部同じ) のずれ．

以下は類例：

(23) Teacher: What kind of key opens a banana?
Pupil: That's a trick question. You don't need a key to open a banana.
Teacher: Wrong. The answer is a monkey.
[key と monkey のスペルの問題]
(Howell (2003: 32))

(24) What's the difference between here and there?
The letter "T"! [here と there のスペルの違い] (Yoe (2001: 29))

(25) Teacher: What pet do you think makes the loudest noise?
Pupil: Hmm ... perhaps a parrot or a big dog?
Teacher: Think more carefully. It's a trumpet.
[pet と trumpet のスペルの問題]
(Howell (2003: 37))

3.1.8.2. スペルの順序の入れ替えの場合

(26) Teacher: "Simon, can you say your name backwards?"
"No, mis." (Tibballs (2012: 478))
言語表示1： Can you say …? の疑問文への返答なので，No, mis

は「いいえ，先生，できません」の意．

メタ言語表示2： Simon を逆にスペルを書くと nomis となる．

ずれ： 言語表示1，メタ言語表示2の違い．

次は類例：

(27) Rearrange the letter of NEW DOOR to write one word.
Answer: ONE WORD ［NEW DOOR と ONE WORD はスペルを入れかえると同じ］ (Kim (2002: 35))

3.1.8.3. スペルを問題としている場合

(28) Teacher: Nicholas, give the formula for water.
Nicholas: Yes, sir. HIJKLMNO.
Teacher: Whatever are you driving at? Do you think you're in kindergarten?
Nicholas: No, sir. Yesterday you said it was "H to O."

(里中 (2008: 170))

言語表示1： H to O は H_2O で水 (water) の意．

メタ言語表示2： H to O は「H から O までのアルファベット」の意で，文字の世界では HIJKLMNO となる．

ずれ： 言語表示1とメタ言語表示2の違い．

(29) How do you spell 'mousetrap' with only three letters?—CAT.

(Maruyama and Knudsen (2010: 19))

言語表示1： cat は猫の意．

メタ言語表示2： cat は3文字．

想定： mousetrap ねずみとり（道具）からねずみをとる動物は猫（cat）という想定がかかわる．

ずれ： 言語表示1とメタ表示2の違い．

以下は類例：

(30) Why is the letter "I" like Rome?
Answer: Because both are the capital. （Kim（2002: 50））

(31) What five-letter word is always spelled wrong?
Answer: WRONG （Kim（2002: 46））

(32) Why do you need glasses when spelling Mississippi?
You need four I's. [four I's=four eyes] （Yoe（2001: 148））

(33) Teacher: "Why is the Mississippi such an unusual river?"
Little Johnny: "Because it has four eyes but can't see."
[four eyes とはめがねをかけること]
（Tibballs（2012: 479））

(34) Why is the letter "A" like a flower?
Because a "B" comes after it! [B=bee] （Yoe（2001: 142））

(35) Kid: I had trouble with diarrhea at school today.
Mother: That's terrible! I didn't know you were ill.
Kid: I wasn't, I just couldn't spell it. [it=diarrhea]
（Howell（2003: 10））

(36) Where does Friday come before Tuesday? In the dictionary.

(37) Where does Sunday come after Monday? In the dictionary.
（Yoe（2001: 28））

3.1.8.4. 元の単語に音が類似した単語を作っている場合

(38) Where do you take a sick horse? To a horsepital.
(http://freespace.virgin.net/rm.davies/stuff/_oldjokeshome/jk_sickanimals.html)
言語表示1: sick horse の行くところは hospital（病院）．
メタ言語表示2: 異分析により horse（馬）+pital．

ずれ： 言語表示1とメタ言語表示2のずれ (hospital, horsepital のスペルの類似性・音の類似性).

以下は類例：

(39) What do you call a bee born in May? A maybe. [may+bee]
(http://www.jokes4us.com/animaljokes/beejokes.html)
(40) What is the opposite of minimum? Minidad. [mini+dad]
(http://boardofwisdom.com/togo/Quotes/ShowQuote/?msgid=504007#.VAj-EmccTwg)
(41) What was the largest moth in the world? A mam-moth.
(http://www.tickld.com/pic/t/205735)
(42) What is the laziest mountain in the world? Mount EverRest!
(Green (2013))
(43) What does and elf learn in school? The ELFabet! (Green (2013))
(44) What is a lion's favorite gaming system? Preystation. [playstation]
(Green (2013))

3.1.8.5. スペルと意味を問題としている場合

(45) What is the longest word in the world? Smiles—there is a mile between the S's! (Green (2013))
言語表示1： smiles は「笑う」の意.
メタ言語表示2： smiles は s+mile+s と分析して，S の間に mile の距離があるとなる.
ずれ： 言語表示1とメタ表示2のずれ.
(単語のなかにスペルで mile が入っている)

類例：

(46) Why could't the bicycle stand up for itself? It was two-tyred. [too tired]　　　　　　　　　　　　　　　　　　　　　(Tibballs (2012: 72))

3.2. ジョークと非帰属的メタ表示と帰属的メタ表示

(47) What did the polar bears say when they saw tourists in sleeping bags?
Mmmm, sandwiches!　　　　　　　　　　　(Tibballs (2012: 35))
言語表示1：　サンドイッチ．
メタ言語表示2：　メタファー解釈で，The polar bears said that tourists in sleeping bags are sandwiches.（帰属的メタ表示）（北極熊にとっては，寝袋に寝ている旅行者は〈サンドイッチ〉のような食べ物と表現している．関連性理論ではメタファーはアドホック概念形成で，概念の broadening, loosening で扱う．Cf. Wilson (2011), Carston (2002, 2010, 2011, 2014)．
ずれ：　言語表示1とメタ言語表示2のずれ．

以下は類例：

(48) What did the kamikaze pilot instructor say to his students?
"Watch closely. I'm only going to do this once."
　　　　　　　　　　　　　　　　　　　　　(Tibballs (2012: 28))
(49) Middle age is when your brain says: "Go! Go! Go!" while the rest of you is saying: "No! No! No!" —　　　　　(里中 (2008: 36))
(50) "Doctor, doctor, my son has swallowed my pen. What should I do?"
"Use a pencil until I get there."　　　　　　(Tibballs (2012: 177))

3.3. ジョークと解釈的用法／言い換え (reformulation)

(51) What's the difference between ignorance and apathy?
I don't know and I don't care.　　　(Tibballs (2012: 525))

言語表示1： I don't know and I don't care は「知りません，気にしません」の意．

メタ言語表示2： ignorance の言い換えが 'I don't know' で apathy の言い換えが 'I don't care' となっている．

ずれ： 言語表示1とメタ言語表示2とのずれ．

以下も類例：

(52) What word is always pronounced incorrectly?
Incorrectly.

(Tibballs (2012: 575))

3.4. ジョークと引用

すでに述べたように，Wilson (2000: 413) は引用 (quotation) を4種類に分類している：

  i) 直接引用： Mary said to me, "You are neglecting your job."
 ii) 間接引用： Mary told me I was not working hard enough.
iii) 直接＋間接引用： According to Mary, I am "neglecting" my work.
 iv) 自由間接引用： Mary was pretty rude to me. I am neglecting my job!

以下の (53)-(58) は直接引用 " " を含んだジョークの例である．

(53) What is a honeymoon? That short period of time between "I do" and "You'd better."　　　(Tibballs (2012: 276))

(54) My wife rushed out to take out the garbage. She asked the man,

"Am I too late for the garbage?" The man said, "Not at all. Jump in." (里中 (2008: 16))

(55) "I may say without boasting" is always the beginning of a boastful remark. (里中 (2008: 72))

(56) That girl speaks 18 languages and can't say 'no' in any of them.
 (Tibballs (2006: 9))

(57) How do you tickle a Jewish American princess?
 Say "Gucci, Gucci, Gucci."
 (Tibballs (2012: 309))

(58) Miss Charlene Mason sang "I will not pass this way again," giving obviously pleasure to the congregation. (Tibballs (2006: 495))

(59) Sum ergo cogito. Is that putting Descartes before the horse?
 (Chiaro (1992: 13))

想定1： デカルトがフランス語の自著『方法序説』(*Discours de la méthode*) の中で提唱した有名な命題「我思う，ゆえに我あり」のフランス語の Je pense, donc je suis をラテン語に翻訳したものが Cogito ergo sum である．

想定2： *to put the cart before the horse* はことわざで「馬の前に荷車を置くこと」から主客転倒の意となり，順序があべこべの意となる．

メタ言語表示1（引用）： Cogito ergo sum (=I think therefore I am). の意．

言語表示2： Sum ergo cogito. Is that putting Descartes before the horse? は *to put the cart before the horse* の変形で，「デカルトが cogito ergo sum (=I think therefore I am) の語順を言い換えたか」の意となる．cogito ergo sum (=I think therefore I am) の語順を入れ替えたものが Sum ergo cogito.

ずれ： 言語表現1とメタ言語表現2のずれ．

<There is a specific echo of the famous quotation "cogito ergo sum" and we have to know that the author of this quotation was the Frenchman Descartes. There is also an echo of the idiom *to put the cart before the horse,* here given the pronunciation of a Frenchman.>

(Goatly (2012: 270))

(60) I think, therefore, I'm single.　　　　　　(里中 (2008: 22))

メタ言語表現1(引用)：（想定から）デカルトの I think, therefore, I am. を頭に描く．

言語表示2： I think, therefore, I'm single（われ思うゆえに，独身）

ずれ： メタ言語表示1と言語表示2とのずれ（下線部）．

Cf. Bataller (2002: 34) "Descartes: "I think therefore I am" (Wilson 2000) is a case of translation in which resemblance between the original and the quoted form is established at the level of semantic structure. In (i), even though some idea about the form of the original is given, it it the attitude of the speaker towards the original content that is being reproduced. The distinguishing feature of *direct quotation* is that it increases the salience of formal or linguistic properties to a greater or lesser extent, literal reproduction being an extreme case."

(61) Teacher: What do we know about a bird in the hand, class?
　　　Pupil: That it's worth two in the bush?
　　　Teacher: Well, I'd say it makes hard to blow your nose.

(Howell (2003: 33))

メタ言語表示1（引用）： 想定からことわざ A bird in the hand is worth two in the bush を思いつく．

言語表示2： 現実の世界では it makes hard to blow your nose.（手

に鳥をもっていると，鼻をかみにくい）．

ずれ： ことわざの世界（メタ言語表示1）と現実の世界（言語表示2）の違い．[4]

以下は類例：

(62) The way to a woman's heart is through the door of a good restaurant. (里中 (2008: 26))

ことわざ： The way to a man's heart is through his stomach.

(63) Actions speak louder than words, but money talks loudest. (里中 (2008: 47))

ことわざ： Money talks.

(64) Money used to talk, but now it goes without saying. (里中 (2008: 65))

(65) Don't count your checks before they are cashed. (里中 (2008: 73))

ことわざ： Don't count your chickens before they are hatched.

(66) Never do today what you can put off till tomorrow. (里中 (2008: 74))

ことわざ： Do not put off till what you can do today.

(67) Look before you book.

ことわざ： Look before you leap.

(68) A Buddhist monk wanted a hot dog. So he went to a hotdog food stall. The vender asked "What would you like, sir?"

---

[4] Attardo (ed.) (2014: 614) ではことわざの変種から生じるジョークを次のように説明している：

In *unctions speak louder than words,* "actions" is sufficiently similar in sound to "unctions" to be potentially funny, but its recovery is certainly aided by the underlying proverb.

The monk straightened himself to answer "Make me one with everything."

(Tanaka (2010: 254))

言語表示 1： Make me one with everything は世俗的解釈では「すべての香辛料と付け野菜が入ったホットドッグを 1 つ作ってください」の意.

メタ言語表示 2（引用）： 宗教的な引用であり,「私をすべて（＝私を取り巻き支えてくれる物質と精神的世界のすべて）と 1 つにさせてください」梵我一如ということで梵（ブラフマン：宇宙を支配する原理）と我（アートマン：個人を支配する原理）が同一であることを知ることにより,永遠の至福に到達しようとする思想を表す古代インドにおけるヴェーダの究極の悟りを示す.

ずれ： 言語表示 1 とメタ言語表示 2 との違い.

また,以下の (69), (70) も Change comes from within. は言語表示 1 として, change はお釣り (change) の意とメタ言語表示 2 (引用) では「変化 (=change) は自らの内から生じる」の仏教の悟りとのずれを述べている.

(69) A Zen Buddhist monk traveled to New York, and he decided to buy a hot dog from a street vender. He handed the vender a 10-dollar bill, and the vender handed him a hot dog, but he didn't give him any change. The monk asked, "What about change?" The vender replied, "Change comes from within."

(デイビッド・セイン (2014: 211))

(70) After buying a hot dog at a stall at a religious convention, a Buddhist asks: "Where's my change?" The seller replies: "Ah, change must come from within." (Tibballs (2012: 452))

3.5. ジョークと表現されない（想定から復元された）元の表現からの変形

(71) Brevity is the soul of lingerie　　　　　　　（里中 (2008: 75)）

メタ言語表示 1（引用）： 表現されていない想定から Shakespeare の有名なセリフ Brevity is the soul <u>of wit</u>.「簡潔が知恵の精髄」

言語表示 2： Brevity is the soul <u>of lingerie</u>.

ずれ： メタ言語表示 1（言葉の世界）と，言語表示 2（現実世界）の違い．

(72) TV, or not TV, that is the question.　　　　（里中 (2008: 87)）

メタ言語表示 1（引用）： 表現されていない Shakespeare からの引用：<u>To be, or not to be,</u> that is the question.

言語表示 2： 現実世界の記述 <u>TV, or not TV,</u> that is the question（「テレビを見るべきかどうかが問題である」）．

ずれ： メタ言語表示 1（引用）と言語表示 2 との音の類似性と意味のずれ [形式の類似性はパロディ].

以下は類例：

(73) While visiting a friend in the hospital, Tim noticed several nurses all wearing pins designed to look like an apple. Curious, he asked one nurse what it signified. "Nothing," she said with a smile. "<u>It's just to keep the doctor away</u>."

（ことわざ An apple a day keeps the doctor away. との類似性）

　　　　　　　　　　　　　　　　　　　　　　　（里中 (2008: 246)）

(74), (75) では表現されていない想定で「よーいドン」のメタ言語表示（引用）Ready, steady, go! と言語表現 Ready, <u>teddy</u>, go! Ready , steady, <u>glow</u>! は下線部がずれている．

(74) How do you start a teddy bear race? "Ready, <u>teddy</u>, go!"

(Tibballs (2012: 515))

(75) How do you start a firefly race? "Ready, steady, glow!"

(Tibballs (2012: 515))

3.6. ジョークと条件文について

(76) If ignorance is bliss, an intelligent test is certainly a waste of time.

(里中 (2008: 69))

メタ言語表現1（引用）： Ignorance is bliss. はことわざ (proverb) Where ignorance is bliss, 'tis folly to be wise ― (1742) Thomas Gray からきたものである．前件のことわざとしての抽象的（言語的）表示は 'There are situations in which it is better not to know about something.' (Betty Kirkpatrick (2003) *English Language Toolbox: Proverbs*, p. 78, Learners Publishing, Singapore) となる（日本語訳は「知らぬが仏」となる）．

言語表示2：「無知が最高に幸せである」の意．

後件の発話である公的表示（発話）「知能テストは絶対に時間の無駄である」とこの文字通りの言語表示がうまくリンクする．したがって，(76) の例をジョークとして理解するには，ことわざとしてのメタ言語表示1と，文字通りの言語表示2のずれに気づくことが必要である．

(77) If all the world's a stage, where do the audience sit.

(Goatly (2012.262))

all the world's a stage は Shakespeare, *As You Like It*「お気に召すまま」All the world's a stage, And all the men and women merely players からの直接引用である．

前件のメタファーとしてのメタ言語表示（引用）は「この世はすべて1つの舞台のようなものだ」の意となる．前件の文字通りの言語

表示は「この世はすべて舞台である」の意となる．
後件の発話である公的表示は「聴衆はどこにすわるのか」．
ずれ： メタファーの世界（引用）のメタ言語表示と現実世界の言語表示のずれがおもしろさを作り出している．

3.7. 言語形式
3.7.1. 決まり文句・定型表現

(78)　A:　Why do bachelors love dumb women?
　　　B　Opposites attract.

（里中（2008: 177））

言語表示1： 正反対のものは引き合う．
メタ言語表示2： 決まり文句として，性格の全く異なる異性に惹かれる．
ここでは独身男性と dumb women（ばかな女性，口数の少ない女性）を正反対のものとみるか，性格の全く異なる異性とみるかというずれが問題となる．

(79)　A Japanese was traveling overseas on business when he got a high fever and had difficulty breathing. He went to the hospital where the doctor looked at him and asked, "How are you?" The Japanese replied, "I'm fine, thank you. And you?"

（デイビッド・セイン（2014: 63））

言語表示1： "How are you?"の医者の質問に対しては病名などを通例答える．たとえば，"I have a stomachache"など．
メタ言語表示2： 日本人は会話の挨拶で，定形表現として "How are you?" に対して答えは，"I'm fine, thank you. And you?" という．
下線部のずれが，英語のできない日本人をジョークとしておもしろ

くしている.

(80) Japan's Prime Minister attended a summit with other world leaders. Before the summit, he had asked his translators for advice about greeting the other leaders. They told him that he should say, "How are you?" and then shake hands. The translators would then help with the rest of the conversation.

　When the Prime Minister saw the President of the United States, he was quite nervous. Instead of saying, "How are you?" he said, "Who are you?" The President was a little surprised, but he responded with humor and said. "I'm my wife's husband." The Prime Minister responded by saying, "Me, too."

(デイビッド・セイン (2014: 57))

言語表現1： 挨拶で, "How are you?" "I am fine, thank you." "Me too (=I'm fine thank you too) となる.

メタ言語表示2： "Who are you?" "I'm my wife's husband." "Me too (=I'm your wife's husband.)

ここでも, 下線部の意味のずれにより, 日本の総理は英語ができないおもしろさを示している.

3.7.2. Toast の言い方をまね

(81) To our sweethearts and wives!
　　 May they never meet!　　　　　　　　　(里中 (2008: 26))

言語表示1：「恋人と奥さんが出会わないようにしてほしい」の意を示したい (Our sweethearts and wives never meet!).

メタ言語表示2： To ... May ...! は乾杯するときの形式で「... にとって ... でありますように」の意.

言語表示とメタ言語表示の形式のずれがある.

3.7.3. 疑問文の形式

(82) Client:　Can you tell me what your fees are?
　　　Lawyer:　Well, I charge one hundred dollars to answer three questions.
　　　Client:　That's unreasonably expensive, isn't it?
　　　Lawyer:　Yes, now what's your final question?
　　　　　　　　　　　　　　　　　（Murayama and Knudsen (2010: 42)）

　言語表示1：
　　Can you tell me what your fees are?
　　（疑問文で，「弁護士料を教えることができますか？」の意)
　　That's unreasonably expensive, isn't it?
　　（疑問文で，「それは途方もなく高くはないですか？」の意）
　メタ言語表示2：
　　Can you tell me what your fees are?
　　（相手に「弁護士料を教えていただけませんか」と依頼しているの意）
　　That's unreasonably expensive, isn't it?
　　（「それは途方もなく高いですね」と念を押しているの意）
　ここでは弁護士は言語表現1で理解し，顧客はメタ言語表現2と意図したところのずれである．

3.7.4. 形式の入れ替え（形式のずれ）

(83)　A pessimist forgets to laugh, but an optimist laughs to forget.
　　　　　　　　　　　　　　　　　（里中 (2008: 42)）
　　　言語表示1：「悲観論者は笑うことを忘れ，楽観論者は忘れたことを笑う」
　　　メタ言語表示2：　forget, laugh の言語形式の位置が入れ替わって

いる．

以下は類例：

(84) A: Would you like a cup of coffee?
B: No, thanks. <u>When I drink coffee I can't sleep.</u>
A: Really? In my case it's the other way around. <u>When I sleep, I can't drink coffee.</u>

(里中 (2008: 213))

3.8. 意味（領域），コンテクストのずれ
3.8.1. 2つのスクリプト[5]

(85) Television is a medium because well-done is rare.

(里中 (2008: 117))

言語表示1： スクリプト1はテレビで，medium はメディアの意．
メタ言語表示2： スクリプト2は肉の焼き方のことで，medium, well-done, rare と焼き具合の違いを示している．

---

[5] Attardo (ed.) (2014: 455) ではスクリプトに基づくユーモアの説明はもっとも古いタイプのユーモア分析として説明している：

"The script-based semantic theory of humor is arguably the first and oldest linguistic theory of humor. According to the theory, any joke-carrying text is compatible, fully or in part, with two different scripts that overlap and oppose ....

In more formal terms, a script is a sequence of events that are associated with the constituent word meanings and evoked by specific words. Any script can also be considered as a cognitive structure that represents a person's knowledge of a small part of the world.

The scripts can be linguistic, general knowledge, restricted, or individual. Linguistic scripts are known to any "average," "standard" native speaker (adult, reasonably educated, mainstream culture, etc.). General knowledge scripts, such as crossing the street or going to a store, are known to a large number of people and are not affected by their use of language. Restricted knowledge scripts are known to a small number of people are not affected by their use of language."

ずれ： 言語表示1（具体的なテレビの世界の記述）とメタ言語表示2（ことばの世界，ここでは肉の焼き方）のずれ．

3.8.2. 定義のずれ

(86) What are the four seasons in Canada?
Almost winter, winter, still winter, and road construction.
(Tibballs (2012: 104))
言語表示1： カナダの四季は「ほとんど冬，冬，まだ冬，道路工事」の意．
メタ言語表示2： four seasons は通常の想定では spring, summer, autumn, winter の4つ．
ここでは，言語表現1とメタ言語表現2のずれ．

(87) What's a kidnap?
A baby that's having a sleep!　　　(Trific Jokes (2002: 30))
言語表示1： kidnap は「誘拐」の意．
メタ表示2： 異分析で kid+nap「こども＋寝る」と分析している．
ずれ： 言語表示1，メタ言語表示2の違い．

以下は類例：

(88) Bacteria: back door to a cafeteria <back+cafeteria>
(https://twitter.com/aThumper/status/301777598244073472)

(89) Dogma: the mother of puppies <dog+ma>
(http://emilights.com/entertainment/jokes/animal/59-dog-riddles)

(90) Pigtail: a story about a pig <pig+tale>
(http://www.aboutmalta.com/grazio/marta.html)

(91) What's the definition for endless love?
Two blind men playing tennis.　　　(Tibballs (2012: 329))

さらなる定義のジョークの例は Blake (2007: 104) 参照．

3.8.3. 同音異義語

(92) What is a witch's favorite subject in school? Spelling.

(Green (2013))

言語表示1: 学校で習うのはスペル (spelling) の意．
メタ言語表示2: 想定により魔女は魔法 (spelling) を習う．
ずれ: 同じ語の形式 spelling が言語表示1, とメタ言語表示2で意味が異なる．

以下は類例：

(93) What does a frog like to dance to? Hip hop!　　(Green (2013))
(94) What does a Snowman eat for breakfast? Snowflakes.

(Green (2013))

(95) What does a tree like to drink? Root beer!　　(Green (2013))
(96) What do you call a pig that knows karate? Porkchop!

(Green (2013))

3.8.4. Book titles

(97) "Great Eggspectations!" Easter is coming,# Four Seasons Hotels and Resorts inspired by Charles Dickens
(https://twitter.com/handekurt_/status/316897884547207169)
言語表示1: Charles Dickens の作品は Great Expectations．
メタ言語表示2: Egg + spectations と Expectations とよく似た音で異分析している．(Eggspectations の Egg は Easter eggs ともリンクしている)．
ずれ: 言語表示1, メタ言語表示2の違い．

さらなる book titles のジョークは Blake（2007: 99）を参照のこと．

3.8.5. ことばのレベルの問題

(98) What two things can you not eat for breakfast?
Lunch and dinner!   (Yoe (2001))
言語表示1： 具体世界で breakfast でたべるものをさがす（ham, egg など）．
メタ言語表示2： ことば世界で breakfast と同類のものをさがす（lunch, dinner）．
ずれ： 言語表示1とメタ言語表示2のずれ．

3.8.6. Acronym

(99) A: What do the letters NASA stand for?
B: Need Another Seven Astronauts.
(http://www.abbreviations.com/NASA)
言語表示1： NASA=National Aeronautics and Space Administration
メタ言語表示2： アポロ事故のあとの新たな頭文字：NASA= Need Another Seven Astronauts（もう7人の宇宙飛行士が必要）
ずれ： 言語表示1（正式な頭文字の意味）とメタ言語表示2（事故後の頭文字の意味）落差．

4. 事例研究

4.1. サンタクロースジョークとメタ表示

(100) What is the best key to get at Christmas? A turkey!（=(26)）

第 3 章　英語ジョークとメタ表示をめぐって　　　　　　　　185

想定：　Christmas の食べ物は turkey

言語表示 1：　turkey は「七面鳥」の意．

メタ言語表示 2：　turkey を tur + key と分析して，key と全く同じスペルを見つけ出している．

ずれ：　言語表示 1 とメタ言語表示 2（スペルの世界の key）のずれ

(101)　What do you call Father Christmas in the beach? Sandy Clause!
(http://www.whychristmas.com/fun/cracker_jokes.shtml)

想定 1：　Father Christmas とは Santa Claus のことである．

想定 2：　beach は sandy である．

言語表示 1：　Sandy Clause

メタ言語表示 2：　Santa Claus

ずれ：　言語形式 1 とメタ言語形式 2 の音の類似性とずれ．

この例では主に英国で Father Christmas という言い方で〈Santa Claus〉を指すという想定（＝知識）が必要で，ビーチにいるサンタさんは音の類似で〈Sandy Clause〉となっている．この例では想定を介しての Claus と Clause と音が類似した例である．どこまでを類似した音とみなすかという研究が必要である．

(102)　What does Santa suffer from if he gets stuck in a chimney? Claustrophobia!
(http://www.whychristmas.com/fun/cracker_jokes.shtml)

想定：　Santa から Claus が理解される．

言語表示 1：　煙突の狭いところを怖がる病気名は Claustrophobia（閉所恐怖症）

メタ言語表示 2：　異分析で Claus+trophobia（サンタ＋恐怖症）（サンタが煙突で詰まったときに苦しむ恐怖症）

この例では言語表現 Santa だけから Santa〈Claus〉の〈　〉の部分を想定から補い，さらに，Claustrophobia（閉所恐怖症）という単語を〈Claus〉+ trophobia と異分析し，サンタの名前 Claus と病気

の名前の一部 Claus がメタレベルで類似性があると理解することで，洒落が説明できる．

(103) What do you call people who are afraid of Santa Claus? Claustrophobic.
(http://www.jokesfolks.com/Onelinerjokes26745/)

想定 1： Santa Claus から chimney を連想．
想定 2： chimney から claustrophobic（閉所恐怖症の）を連想．
言語表示 1： claustrophobic（閉所恐怖症の）
メタ言語表示 2： 異分析で Claus+trophobic（サンタクロースを怖がる）（サンタクロースを怖がる人たちを Claus 恐怖症と呼ぶ）

ここでは Santa〈Claus〉と〈Claus〉+ trophobic とメタ言語表示として Claus は同一であるが，サンタが煙突から入るという知識が必要で，閉所恐怖症（Claustrophobic）が狭い煙突に入るのを怖がることとリンクして，さらに異分析により（Claus+trophobic）=「サンタクロースを怖がる」の意と再解釈することにより，Claustrophobic 第 1 理解「閉所恐怖症」とこの「サンタクロースを怖がる」の理解のずれからおもしろさの説明ができる．

4.2． PC 表現とジョークについて

以下（104）-（122）は，Tibballs (2012: 427-428) *The Mammoth Book of One-Liners*, Robinson, London からの用例．

いわゆるメタ言語否定と同様に以下の例では，たとえば，(105) で，普通の言語表示では lazy（なまけもの）ですが，PC 表現では energetically declined（エネルギーが低下している）となる（なお，メタ言語否定については本書第 2 章（五十嵐）参照のこと）．この PC は，前章までで議論してきた，メタ言語表示と分析が可能であり，ジョーク解釈は言語表示とメタ言語表示（PC 表現）との落差となると説明ができる．以下の例はすべてそのように説明が可能である．

(104) I am not stupid; I suffer from minimal cranial development.
(105) I am not lazy; I am energetically declined.
(106) I am not clumsy; I am uniquely coordinated.
(107) I am not a psychopath; I am socially misaligned.
(108) I do not eat like a pig; I suffer from reverse bulimia.
(109) I do not have a beer belly; I have developed a liquid grain storage facility.
(110) I am not going bald; I am in follicle regression.
(111) I do not have body odour; I have non-discretionary fragrance.
(112) I am not old; I am chronologically gifted.
(113) I am not late; I have a rescheduled arrival time.
(114) I am not ignorant; I am factually unencumbered.
(115) I am not overweight; I am gravity-enhanced.
(116) I am not a bad dancer; I am overly Causasian.
(117) I am not short; I am anatomically compact.
(118) I am not a lousy-cook; I am microwave-compatible.
(119) I am not unemployed; I am involuntarily leisured.
(120) I am not drunk; I am chemically inconvenienced.
(121) I am not ugly; I am aesthetically challenged.
(122) I am not a male chauvinist pig; I have swine empathy.

次に，童話の世界には小人，巨人，魔法使いなど，差別的ジョークがいっぱいあり，非常に長い PC 表現を用いて，言い換えたもの（reformulation）を見てみよう．データは James Finn Garner (1994) *Politically Correct Bedtime Stories*, Macmillan, New York を用いている．[6] たとえば，(123)

---

[6] 以下は PC 表現と Satire について述べている：
　　Satirical Use: Political correctness often is satirized, for example, in the ... Politically Correct Bedtime Stories (1994), by James Finn Garner, presenting fairy tales

は赤ずきんちゃんの話で，言語表示では blind（目の見えない）であるが，メタ言語表示の PC 表現では optically challenged（視覚的にチャレンジされている）となっている．ジョーク解釈は，言語表示とメタ言語表示のずれから生じると説明が可能である．

以下は類例である：

(123) Red Riding Hood said, "Oh, I forgot you are as optically challenged as a bat. Gamma, what big eyes you have!" (p. 3)

(124) As you might expect, a lifetime of belief in the absolute legitimacy of the monarchy and in the inherent superiority of males had turned the emperor into a vain and wisdom-challenged tyrant. (p. 6)

(125) Long ago in a kingdom far away, there lived a miller who was very economically disadvantaged. (p. 13)

(126) The vertically challenged man was taken aback by the conviction in her voice. (p. 16)

(127) His lack of material accomplishment is not meant to imply that all tinkers are economically marginalized, or that if they are, they deserve to be so. (p. 23)

(128) As mentioned earlier, the witch was kindness-impaired, and the tinker was extremely frightened. (p. 24)

(129) It was especially unrealistic in their case, as they were differently visaged enough to stop a clock. (p. 32)

(130) The prince's best friend, who was a large if cerebrally constrained

---

re-written from an exaggerated PC perspective ....

(*Etiquette, Including: Kowtow, Political Correctness, Netiquette, Plur, T-v Distinction, Gender Neutrality in English, Courtesy Titles in the United Kingdom, Acceptable Use Policy, Faux Pas, Politeness, Majestic Plural, Judith Martin, Sportsmanship, Mr.* Hephaestus Books, p. 12) duke, stopped him halfway across the dance floor and insisted that *he* was going to have Cinderella. (p. 35)

(131)　When she woke several hours later, she saw the faces of seven bearded, vertically challenged men surrounding the bed. (p. 46)

(132)　She used to think her son was merely a conceptual rather than a linear thinker, but now she was sure that he was downright differently abled. (p. 68)

(133)　Jack apparently was a complete sizeist, who thought that all giants were clumsy, knowledge-impaired, and explopitable. (p. 70)

(134)　He was very vertically gifted and of lower-than-average weight for his size. (p. 74)

最後に，PC 表現がネット上で disabled が行き過ぎた使用となっているという例を見てみる．次の例では言語表示 broken biscuits に対してメタ言語表示の PC 表現では disabled biscuits という表現を使っていると嘆いている．これも両者の落差による笑いとなる．

(135)　The Internet has become too politically correct. What's all this nonsense about disabled cookies?
In my day they were broken biscuits.

(Tibballs (2012: 428))

以下は類例：

(136)　I found the girl of my dreams yesterday in the vegetable section in Tesco's.
They don't like you calling it the vegetable section any more though. It's "disabled toilets" these days.
(E. Henry Thripshaw (2010: 411) *The Mammoth Book of Tasteless Jokes*, Robinson, London)

5. 終わりに

　第 3 章では，言語表示，メタ言語表示を用いて英語のジョークの分析を行った．

　4.1 節のサンタクロースジョークでも示したように，ジョーク理解には，聞き手・読み手がどれくらい理解に必要な想定を呼び出せるかがまず問題となる．今回はおもに，言語表示とメタ言語表示とのずれ，類似性などに焦点をあてて実例をみたが，メタ言語表示と想定の問題，言語表示と想定の問題，メタ言語表示とメタ言語表示との問題など，まだまだ，ジョーク理解には理解過程の解明の手順の複雑さが存在している（Cf. Yus (2013))．基本はジョークの笑いのもとは，関連性理論では 2 つの表示の類似性やずれを認識することから生じると説明が可能であり，序章でも述べたように，神経言語学，脳科学からの脳の部位の活性化のちがいという研究によりサポートされている．言語表示とメタ言語表示は違う脳の部位が活性化しているというので，本研究は，脳損傷の患者によるメタ言語表示理解の研究などさらなる研究の展開が期待されるところである．

　以下に今後の研究課題として可能なものを次のようにまとめておく：

　i) 言語表示 (linguistic representation) とメタ言語表示 (metalinguistic representation) の類似性／ズレの研究
　ii) メタ言語表示とメタ言語表示の類似性／ズレの研究
　iii) 想定（assumption）とメタ言語表示の類似性／ズレの研究
　iv) 引用（Quotation）あるいは echoic use とジョークの研究
　v) 音の類似性／ズレはどこまでが似ていると判断するかという研究
　vi) 想定の種類の研究には〈文化的相違〉〈社会言語学的想定〉〈ステレオタイプの想定〉などがあり，日本人が英語ジョーク理解に困難を感じるのはこの想定を呼び出すことと関係があるという研究

vii) メタ言語表示とジョークの研究にはさらに音の類似性／ズレから文字やスペルの類似性／ズレなどの研究が必要である．

参考文献

Aarons, Debra (2012) *Jokes and the Linguistic Mind*, Routledge, London.
Attardo, Salvatore, ed. (2014) *Encyclopedia of Humor Studies*, SAGE Reference, Los Angeles.
Bataller, Sergio Maruenda (2002) *Reformulations and Relevance Theory Pragmatics: The Case of T.V. News Interviews*, Studies in English Language and Linguistics Vol. 12, Unisersitat de Valencia, Lengua Inglesa.
Blake, Barry (2007) *Playing with Words: Humour in the English Language*, Equinox, London.
Carston, R. (2002) "Metaphor, Ad Hoc Concepts and Word Meaning—More Questions than Answers," *UCL Working Papers in Linguistics* 14, 83-105.
Carston, R. (2010) "Metaphor: Ad Hoc Concepts, Literal Meaning and Mental Images," *Proceedings of the Aristotelian Society* 110(3), 295-321.
Carston, R. (2011) "Metaphor and the Literal/Nonliteral Distinction," *The Cambridge Handbook of Pragmatics*, ed. by K. Allan and K. M. Jaszczolt, Cambridge University Press, Cambridge.
Carston, R. (2014) "Hyperbole and Metaphor: Stylistic Choice or Expressive Necessity?" paper delivered at *Relevance Literariness and Style*, Middlesex University, London, March.
Etiquette, Including: Kowtow, Political Correctness, Netiquette, Plur, T-v Distinction, Gender Neutrality in English, Courtesy Titles in the United Kingdom, Acceptable Use Policy, Faux Pas, Politeness, Majestic Plural, Judith Martin, Sportsmanship, Mr. Hephaestus Books.
Chiaro, Delia (1992) *The Language of Jokes: Analysing Verbal Play*, Routledge, London.
Frapolli, Maria Jose and Robyn Carston (2007) "Introduction: Representation and Metarepresentation," *Saying, Meaning, Referring: Essays on the Philosophy of Francois Recanati*, ed. by M.-J. Frapolli, 1-19, Palgrave Macmillan, Basingstoke, UK.
Goatly, Andrew (2012) *Meaning and Humour: Key Topics in Semantics and Prag-

  matics, Cambridge University Press, Cambridge.
Goel, V. and R. J. Dolan (2001) "The Functional Anatomy of Humor: Segregating Cognitive and Affective Components," *Nature Neuroscience* 4(3), 237-238.
Gurillo, Leonor Ruiz and M. Belen Alvarado Ortega (2013) *Irony and Humor: From Pragmatics to Discourse*, John Benjamins, Amsterdam.
Higashimori, Isao (2006) "Proverb Variation and Jokes; A Relevance Theoretic Account," paper presented at 33rd LACUS, University of Toronto, 2006, 7.31-8.4.
Higashimori (2009) "Jokes and Metarepresentations: Definition Jokes and Metalinguistic Jokes," LACUS FORUM XXXVI (Claremont Graduate University, Pitzer College) CD-ROM, http://www.lacus.org/volumes/36/208_higashimori_i.pdf
東森勲 (2011)『英語ジョークの研究：関連性理論による分析』開拓社，東京．
Kirkpatrick Betty (2003) *English Language Toolbox: Proverbs*, Learners Publishing, Singapore.
子安増生・木下孝司 (1997)「〈心の理論〉の展望」*The Japanese Journal of Psychology* 68(1), 51-67.
Matsui, Tomoko (2010) "Metarepresentation," *The Pragmatics Encyclopedia*, ed. by Cummings Louise, 268-270, Routledge, London.
Muschard, Jutta (1999) "Jokes and Their Relation to Relevance and Cognition or Can Relevance Theory Account for the Appreciation of Jokes?" *Zeitschrift fur Anglistik und Amerikanistik* 47(1), 12-23.
Sperber, Dan (1994) "Understanding Verbal Understanding," *What is Intelligence?*, ed. by Jean Khalfa, 179-198, Cambridge University Press, Cambridge.
Sperber, Dan (2000) "Metarepresentations in an Evolutionary Perspective," in Dan Sperber (ed.), 117-137.
Sperber, Dan, ed. (2000) *Metarepresentations: A Multidisciplinary Perspective*, Oxford University Press, Oxford.
Sperber, Dan and Deirdre Wilson (1995) *Relevance*, 2nd ed., Blackwell, Oxford.
Yus, Francisco (2003) "Humor and the Search for Relevance," *Journal of Pragmatics* 35, 1295-1331.
Yus, Francisco (2008). "A Relevance-Theoretic Classification of Jokes," *Lodz Papers in Pragmatics* 4(1), 131-157
Yus, Francisco (2013) "An Inference-Centered Analysis of Jokes: The Intersecting Circles Model of Humorous Communication," *Irony and Humor: From Pragmatics to Discourse*, ed. by Leonor Ruiz Gurillo and M. Belen Alvarado Ortega, 59-82, John Benjamins, Amsterdam.
Wilson, D. (2000) "Metarepresentaion in Linguistic Communication," *Metarepresentations: An Interdisciplinary Persepctive*, ed. by Dan Sperber, 411-448, Ox-

ford University Press, Oxford.
Wilson, Deirdre (2011) "Parallels and Differences in the Treatment of Metaphor in Relevance Theory and Cognitive Linguistics," *Intercultural Pragmatics* 8(2), 177–196.

例文出典

Garner, James Finn (1994) *Politically Correct Bedtime Stories*, Macmillan, New York.
Green, Jess (2013) *Best Kids Joke Book,* Vol. 1, Kindle Book.
早坂信（編者）(1989)『中学生のための英語ジョーク集』開隆堂出版，東京．
Howell, Laura (2003) *The Usborne Book of School Jokes*, Usborne Book, London.
Kim, Paul Sonny (2002) *Move Your Mind!*, Nova, Tokyo.
Takao Maruyama and Jim Knudsen (2010) *A Short Course in English Jokes*, Nan'undo, Tokyo.
Tibballs, Geoff (2006) *The Mammoth Book of Jokes*, Robinson, London.
Tibballs, Geoff, ed. (2012) *The Mammoth Book of One-Liners: Over 10,000 Short Jokes*, Running Press, London.
Thripshaw, E. Henry (2010) *The Mammoth Book of Tasteless Jokes,* Robinson, London.
TOP THAT! (2002) *Trific Jokes*, Top That!, Suffolk.
里中哲彦 (2008)『一日一分半の英語ジョーク』宝島社，東京．
Tanaka, Kenneth K. (2010)『アメリカ仏教：仏教も変わる，アメリカも変わる』武蔵野大学出版会，東京．
Yoe, Craig (2001) *Mighty Big Book of Jokes*, Price Stern Sloan, New York.

付録1　ワークショップ：メタ表示と語用論
(Metarepresentations and Pragmatics)

　メタ表示（metarepresentation）とは表示の表示（representation of representation）であり，この認知プロセス解明は人間の言語使用には重要な問題である．欧米では言語学，心理学，哲学などさまざまな分野でかなりの研究成果をあげているが，日本ではこの分野の研究も少なく，最新の語用論の問題と絡めてのワークショップをすることは有意義であると思われる．メタ表示とはなにかを導入したあと，3名の発表者が，条件文とメタ表示，否定とメタ表示，ジョークとメタ表示を具体例を挙げて検討し，最後にフロアと意見交換を行う．

　メタ表示（metarepresentation）とは人間のことばに特有のことばをことばで表す能力のことであり，欧米では言語学，心理学，哲学などさまざまな分野でかなりの研究成果をあげているが，日本ではこのメタ表示という名前での論文研究も少なく（CiNii でもわずか2件），日本で現時点で，メタ表示をいくつか最新の語用論の問題と絡めてワークショップをすることは意義のあることだと思われる．

　語用論との関係で，メタ表示という問題に深くかかわるものを3名で分担して，ワークショップをします．まず，メタ表示研究の問題点，現状を大まかにまとめたあと，第1発表者は，条件文とメタ表示を中心に議論し，条件文，疑似条件文などに生じるメタ表示問題を，わかりやすく，具体例を示しながら解説します．第2発表者は，否定とメタ表示を中心に議論し，メタ言語的否定など難解な問題を，わかりやすく解説します．第3発表者はジョークとメタ表示を中心に議論し，ことばの理解のずれがメタ表示（英

195

語のスペルなど）とその文字通りの意味解釈のずれに基づくような例を定義のジョークなど多くの具体例を挙げて検討します．最後にまとめとして，メタ表示の過去，現状，未来と題してメタ表示の研究の位置づけを明確にフロアからのコメントなどを聞いて，相互に意見交換をします．

ワークショップの構成：
司会者：　　　はじめに：　メタ表示とはなにか？
第1発表者：　条件文とメタ表示をめぐって
第2発表者：　否定とメタ表示をめぐって
第3発表者：　英語ジョークとメタ表示をめぐって
発表者全員：　おわりに──メタ表示研究の過去・現在・未来

条件文とメタ表示をめぐって

中島信夫（甲南大学）

　英語には，次のような一見して通常の実質含意を表す条件文とは異なった条件文がある．(1) If I may say so, that's a crazy idea. こうした条件文は，van der Auwera (1986), Sweetser (1990), Geis and Lycan (2001) などにより考察され，条件節は主節と直接つながっているのではなく，主節を発話する発話行為につながっていると考えられている．一方, Noh (2000) は，(1) の条件文の主節はメタ表示になっていると考え，メタ表示という概念を用いて条件節と主節との関係をより明示的に示し，(1) の条件文も実質含意を表す条件文であると主張した．本発表では，Nunberg (1978) の「延長指示」という考えを取り入れ，主節のメタ表示は，主節の発話のトークンを用いた指示行為により示された発話のタイプであると考えることにより，(1)

の条件文の発話の構造を解明したい.さらに,こうした考え方を,次のような if-節が閉条件節の条件文 (Declerck and Reed (2001)) にも適用して考察する.(2) If you're looking for the captain, he isn't here. 条件節の中もメタ表示になっている (2) の条件文では,条件節と主節の発話のトークンがメタ表示をそれぞれ延長指示していると考えられる.結果として,(2) の発話は,条件節,主節,条件文全体の 3 つの発話から構成される複合的な発話行為として分析される.そうした複合的な発話行為の構造を解明したい.

参考文献: (1) Declerck, R. and S. Reed (2001) *Conditionals: A Comprehensive Empirical Analysis*, Mouton. (2) Geis, M. L. and W. G. Lycan (2001) "Nonconditional Conditionals," in Lycan (2001) *Real Conditionals*, 184-205, Oxford University Press. (3) Noh, Eun-Ju (2000) *Metarepresentation*, John Benjamins. (4) Nunberg, G. (1978) *The Pragmatics of Reference*, IULC.

否定とメタ表示をめぐって

五十嵐海理(龍谷大学)

本発表ではメタ表示と否定について Horn (1985) では先行発話の一部をメタ表示して否定するメタ言語否定が記述否定と区別され,Guerts (1998) では否定を命題・推意・形式・前提の四種類と考え,Carston (1996), Noh (2000) では,メタ言語否定は通常の否定と同じで,否定の対象が enrichment を経た後にメタ表示を含んでいればメタ言語否定とされる.最新の研究 Pitts (2011) では,Guerts の 4 分法を批判しつつ,否定に語用論的多義性を認めている.従来の研究では「否定の多義性」を認めるか否かの

議論が中心で,より広い意味での「否認」におけるメタ表示のあり方について考察された研究はなかった.本発表ではその空隙を埋めるべく,近年Napoli and Hoeksema (2009) で研究されている罵り語を含めた否定辞を伴わずに相手の発話に反対を表明する表現を取り上げ,メタ表示レベルでの否認について考える.主に推意を否定し相手の発言を否認するために使われることを示し,van der Sandt (1991) の否認の理論を修正した分析を提供する.

参考文献:(1) Horn, L.(1989) "Metalinguistic Negation and Pragmatic Ambiguity." *Language* 61, 121-174. (2) Napoli, D. J. and J. Hoeksema (2009) "The Grammatical Versatility of Taboo Terms," *Studies in Language* 33, 612-643. (3) Pitts, A. (2011) "Exporing a 'Pragmatic Ambiguity' of Negation," *Language* 87, 346-368. (4) van der Sandt, R. (1991) "Denial," *CLS* 27.

英語ジョークとメタ表示をめぐって

東森　勲（龍谷大学）

本発表では英語ジョーク研究で Muschard (1999), Yus (2003, 2008), Goatly (2012) をさらに進展させるため,メタ表示の研究が必要で,形式の類似性,意味内容の類似性,推意を介した解釈的類似性までを関連性理論により検討する (Cf. Sperber and Wilson (1995), Wilson (2000)).音の類似性から文字やスペルの類似性に関わるメタ表示のデータは以下のものである.(1) What is the best key to get at Christmas? A turkey! (2) What's orange and sounds like a parrot?—A carrot. (Goatly (2012: 9)) また,ことわざから文法用語の意味のずれまで幅がある：(3) If ignorance is bliss, an intelligent test is certainly a waste of time. (里中 (2008: 69)) (4) Prepositions shouldn't be used to end sentences with. (里中 (2008: 90)) さまざまな引用や定義もメタ表示としてジョークに使用される：(5) Beware of tennis player—<u>*love*</u> means '<u>nothing</u>' to them. (Tibballs (2006: 540)) (6) What's the difference between <u>ignorance and apathy</u>? <u>I don't know, and I don't care</u>. (Tibballs (2012: 296)) 想定のずれには文化的，社会言語学的，ステレオタイプ的想定が関わり，日本人が英語ジョーク理解困難となる原因を検討する．

参考文献：(1) Goatly, A. (2012) *Meaning and Humour*, Cambridge University Press. (2) Muschard, J. (1999) "Jokes and Their Relation to Relevance and Cognition or Can Relevance Theory Account for the Appreciation of Jokes?" *ZAA* 47(1), 12-23. (3) Yus, F. (2003) "Humor and the Search for Relevance," *JP* 35, 1295-1331. (4) Yus, F. (2008) "A Relevance-Theoretic Classification of Jokes," *LPP* 4(1).

付録2 　基本用語の定義

cognitive effects（認知効果）　Sperber and Wilson（1995）の用語．ある発話があるコンテクストで情報処理して得られるもので i）既存の想定強化，ii）矛盾による既存の想定破棄，iii）発話と既存想定から，コンテクスト含意を引き出す場合がある．

Communicative Principle of Relevance（関連性の伝達原理）　Sperber and Wilson（1995）の用語．「すべての意図明示的伝達行為は，それ自身の最良の関連性の見込みを伝達する」という原理．

conditional, open-P and closed-P（開条件文と閉条件文）　Declerck and Reed（2001）の用語．単に事態の可能性が想定されているだけの条件節を開（open-P），事態の実際の成立が想定されている条件節を閉（closed-P）として，それぞれの条件節に対応する条件文をいう．van der Auwera（1985），Dancygier（1998）などにも同種の区別が見られる．また，日本語の「たら・ば」などを用いた条件文は開条件文に，「なら」を用いた条件部は閉条件文にそれぞれ対応する．

deferred ostension（延長指示）　Quine（1969）の用語．指示詞などによって直接指し示される対象ではなく，それと関係のある別の対象を指示する直示（ostension）の仕方をいう．例えば，'The key' でもってキーそのものではなく，車を指示したり，トークンとしての対象を示すことによってそのタイプを指示する場合がこれにあたる．

demonstration（デモンストレーション）　Clark（1996），Clark and Gerrig（1990）の用語．表現や発話のタイプの引用を「例示（illustration）」という一般的な手法で説明する考え方．引用符を想定して，その指示的働きによっ

て引用を説明する Davidson（1979）の考え方と対比される．

denial（否認）　意味論的な否定（negation）とは異なり，先行発話の主張，前提，推意などに対して，異議を唱える発話行為である．van der Sandt (1991), Geurts（1998）などを参照．

echo（エコー）　先行発話の繰り返しのこと．ただし，書記的・音声的に繰り返される必要はなく，先行発話が表示に組み込まれていればエコーになる．van der Sandt（1991）では発話の命題内容と推意と前提を含んだものを情報内容とし，エコーされるとその先行発話の情報内容が表示されるとした．関連性理論では echoic use として繰り返した内容に対する態度も含む．

humor（ユーモア）　相手を笑わせようとするコミュニケーションの1つ．Attardo（1994）では，2つのスクリプトの対立・不調和により生じるといい，Curcó（1995）では関連性理論で意図明示的言語使用の1つで，記述された意味内容の不一致（incongruity）により生じる認知効果．

(conversational) implicature（（会話の）含意）　H. P. Grice の用語で，話し手が実際に言ったことから導き出される含意のこと．John ate some of the cake. といえば John didn't eat all of the cake. を含意するなど，発話された文の意味から直接推論される場合や，動かなくなった自動車を前にした人に There is a garage around the corner. といって，そこにいけば助けてもらえることを含意するような，よりコンテクストに依存した場合がある．

joke（ジョーク）　笑いのおもしろさを示す言語使用の一分野．東森（2011）では関連性理論により，推意が矛盾する場合，想定が馬鹿げている場合，馬鹿げた推意に基づく場合，類似性に基づく場合などと分類され，解釈段階でどこかにずれがあり，認知効果として面白さを生じると分析する．

metalinguistic（メタ言語的）　メタとは対象レベルが一段上のレベルを指し，ある言語を記述するための言語を指す．言語表現自体を対象として捉え言及する言語の働きをいう．対象となる言語を対象言語（object language），

言及する高次の言語をメタ言語 (metalanguage) という．

metalinguistic analysis（メタ言語的分析） Leech (1974) の用語．意味的に逸脱したように見える発話を，語用論的にメタ言語表示で説明すること．"I don't regret telling her my secrets; I haven't told her anything." は語用論的にメタ言語否定 It is not the case that I regret telling her my secrets. (… 後悔していると言ったのではない) として説明する．

metalinguistic negation（メタ言語的否定） Horn (1989), Noh (2000) などの用語．先行する発話の音形，形態，表現の仕方などを否定することをいう："I didn't trap two *mongeese*; I trapped two *mongooses*." 通常の解釈では矛盾するので再分析し，否定スコープ内の表現は言及 (mention) という特徴をもつ．

metarepresentation（メタ表示） Wilson (2000) の用語．表示 (representation) とは，頭あるいは心に描くことであり，引用表現，心的態度を表す表現，真偽を問題にする表現など，低次の表示が埋め込まれた高次の表示のこと："John said, 'Mary was here.'"／"John believes that the coin is in the pot."

negative polarity item（否定極性項目）（過去時制の文で表される）肯定の主張から排除される表現のことをいう．たとえば any, ever, yet, either などはこうしたコンテクストで生じることはできない．また，give a red cent, give a damn のように語彙的な意味がかなりはっきりしているものもある．

parody（パロディ） Wilson (2006) の用語．関連性理論では，言語形式のもとの発話の形式を真似ること (resemblance) により相手をあざ笑うことを指す．

practical inference（実践的推論） アリストテレス『ニコマコス倫理学』第 7 巻で論じられている推論で，知識についての推論 (epistemic inference)

に対し，行為についての推論をいう．「ある状況ではこれこれの行為を行え」という命題を大前提とし，小前提となるその「ある状況」で，「これこれの行為」を実行することを結論とする推論である．

processing effort（処理労力）　Sperber and Wilson（1995）の用語．発話処理にかかるコストを指す．言語構造が複雑であると処理労力がかかる．認知プロセス入力への知覚，記憶，推論に要する労力，コンテクスト情報にアクセスする労力，認知効果を計算する労力など．

quotation（引用）　山口（2009）では，他人のことばをそれと分かるように自分のことばに取り込む行為である，と定義している．Davidson（1979）によれば，引用されることばは文字や音声の形式への言及である．

relevance（関連性）　Sperber and Wilson（1995）の用語．認知過程への入力系の特性を指す．処理労力と認知効果により定義された概念．認知効果が大きくなればなるほど，また処理労力が小さくなればなるほど関連性は大きくなる．

relevance theory（関連性理論）　発話理解の認知語用論．Sperber and Wilson（1995）の理論．関連性理論による語用論は聞き手の発話解釈が頭の中で行われる「心の理論（theory of mind）」．

speech act conditional（発話行為条件文）　Sweetser（1990）の用語．条件節が，帰結節の内容ではなく，帰結節の発話において遂行される発話行為の遂行条件を表している条件文をいう．一般に，この条件文の発話では，帰結節の発話は発話行為を実際に遂行している．

索　引

1. 日本語は五十音順に並べた．英語（で始まるもの）はアルファベット順で，最後に一括した．
2. ～は見出し語を代用する．
3. 数字はページ数を，n は脚注を示す．

[あ行]

アイロニー　8
悪罵　117
アリストテレス　65n
言い換え　153, 170, 171
五十嵐　212
異議　94, 96, 98-100, 112, 114, 115, 117, 134, 135, 137, 138, 144
意味変化　122
引用　5, 107, 108, 120-123, 125-131, 144, 154, 171-173, 175-177, 190, 198, 200, 201, 203
引用構文　120, 131
引用する　70
エコー演算子　110-112
エコークエスチョン　151
延長直示　19, 21
オスロ大学　8
音の入れ替え　164

[か行]

解釈　140
　～的用法　153, 170

～的類似　108
解釈の層　105
開条件節　34
外部否定　95-98
会話の格率　137, 141
会話の含意　96, 99, 101, 104, 106, 111, 140, 141
確認行為　70
含意　95, 98, 99, 100n
間接引用　5, 154, 171
完全なだじゃれ　164n
関連性　83
関連性理論　1, 12, 100, 108, 149, 170, 190, 198, 201-203
記述否定　95, 98, 100, 103, 105
帰属　107n, 108-110, 125
　～的メタ表示　152, 169, 170
規範　36
規約性　101
極性　94, 95, 109, 110, 118, 120, 131, 134-137, 141-143, 145
繰り返し　94
黒田亘　36, 65, 69n
形式　95, 98, 101, 103, 106, 110, 117
　～のずれ　179, 180

205

形態素　96
言語規約的含意　96, 105, 132
言語的メタ表示　6, 154
言語表示　150, 157-173, 175-186, 188-190
現実世界の表示のジョーク　12
高次表示　2, 5, 152, 157
後続節　99
肯定　99
　〜的な主張　118
　〜の主張　115
公的表示　2, 151, 177
行動規則　37
構文文法　116, 130
心の理論　3, 4, 203
ことばの世界の表示のジョーク　12
ことわざ　172-174, 176, 177, 198
　〜の変種　174n
コピュラ　128n, 129, 131
語用論的あいまい性　95, 100
混交　128n
コンテクストのずれ　181

[さ行]

坂原　86n
サブタイプ　25
作用域　110
サンタクロースジョーク　184
字義通り　120, 137, 141, 142
思考　78
思想　93, 94
実演　122, 123（→例示）
実質含意　16, 17n
実践的推論　65
自閉症研究　4
尺度含意　101, 102, 111, 115
自由間接引用　154

主観性　125
準備条件　52, 138
使用域　96
状況意味論　23n
条件文　156, 177, 195, 196, 200, 203
証拠性の値　130, 131
小前提　65
情報内容　111
処理能力　149, 203
事例　24
真偽判断を行う推論　78
心的表示　2, 151
推論条件文　78
スキーマネットワーク　127
スペリング　165
ずれ　149, 157, 158, 160-163, 165-173, 175-186, 188, 190, 195, 196, 198, 199, 201
接続詞　125
接尾辞　160, 161
是認　69
漸近性　122
前提　95, 98, 99, 100n, 101, 105, 106, 109, 111, 123, 138
専門用語　161
相互知識　107

[た行]

大前提　65
タブー表現　112, 115-119, 145
wh 疑問文　128, 129
断定　116
談話辞　124
抽象的表示　2, 151
直示　20
直接引用　5, 154, 171, 177
定義のずれ　182

索　引

定型表現　178
低次表示　2, 5, 152, 157
訂正節　99, 100, 111, 112
適切性（の）条件　17, 59
手順指示文　37
哲学の研究　3
デモンストレーション　38
伝達節　122
伝達動詞　128, 131
等位接続構文　63
当意即妙の応答　120
同音異義語　163, 183

[な行]

内語　78
内部否定　95-98
中島　211
認知効果　149, 200, 201, 203
脳科学　12, 190

[は行]

発達障害　4
発達心理学研究　4
発話行為条件文　17
発話順番　111
発話内行為　96, 133, 142
発話の力　16
パロディ　176, 202
反射的関係　50
東森　149, 201
非帰属的メタ表示　152, 157, 169
非帰属的用法　5
PC 表現　186
ビスケット条件文　20, 81
必然性　69n
必然的　69

否定　93, 94, 94n, 95-100, 100n, 101-106, 109-112, 117, 133, 134, 139, 145
　〜のあいまい性　95
否定極性項目　99, 100, 120, 133, 137, 138
否定詞　94
否認　93, 94, 96-100, 100n, 101-106, 110, 112-115, 117-119, 130, 132-142, 144, 145
表示の表示　1, 106, 195
不完全なだじゃれ　164n
2つのスクリプト　181, 201
文体　96, 99
文体離接詞　55
文法化　124, 125
文法用語　161, 198
閉条件節　34
法性の値　131
法副詞　109

[ま行]

真似を表す節　122
無標　97
命題　98, 106
　〜態度　109
メタ言語的に否定　111
メタ言語的類似性　108
メタ言語否定　94n, 95, 96, 98, 100, 100n, 101, 103-105, 110, 111, 113n, 114, 115, 118, 145, 186, 202
メタ言語表示　157-163, 165-173, 175-186, 188-190, 202
メタ表示　1, 2, 4, 7, 8, 12, 15, 16, 19, 24, 25, 25n, 27, 28, 28n, 29-32, 32n, 35, 40, 41, 41n, 42-44, 44n, 45, 46, 50, 51, 55, 57, 64, 65, 78, 86, 87, 87n, 88, 93, 94, 100, 101, 106-112, 114, 119,

120, 133, 135-137, 140, 144, 145,
149-153, 156, 167, 169, 182, 184,
195-198, 202
〜能力　3, 8
メタファー　170, 178
モジュール　4
模倣的な引用　127, 130

[や行，ら行，わ行]

有標　97
用語行為　63
様態の格率　104, 136
離接詞　109
量の格率　136
類似性　108, 110, 120-125, 127, 130-
132, 135-137, 140, 141, 145, 151, 153,
163, 164, 168, 176, 185, 190, 191, 198,
201
類似による表示　108
礼儀作法　54
例示　48（→実演）
霊長類研究　3
ロンドン大学　7
話題化　128, 129
渡辺慧　21n

[英語]

acronym　184
affective context　120
Attardo　12, 157n, 158n, 163n, 174n,
181, 201
Austin　20, 63, 81, 82n
Barwise　15, 30n
biscuit conditional　20
Bullshit operator　115
Carston　7, 8, 11

challenged　187-189
Clark　24
Clark and Gerrig　24, 38, 122, 127n
closed-P clause　34
closed-P conditional　33
confirmation　70
conversational implicature　96
Dancygier　33, 49n
Davidson　22, 24
Davies　83, 84
de dicto　158
Declerck　72n
Declerck and Reed　29n, 33, 41n, 53,
62, 69, 72n, 77, 78, 83, 84
deferred ostension　19
demonstration　38, 48
denial　93
descriptive negation　95
disabled　189
Geis and Lycan　17, 29n, 41, 46, 49n,
57n
generic conditional　33
Greenbaum　55
Haegeman　33, 34
Hare　65n
Higashimori　192
Holdcroft　57n
Horn　29n, 40
illocutionary force　16
imitation clause　122
incongruity　149, 157n, 201
internal speech　78
interpretive resemblance　108
like　94
Matsui　1-3, 150
metalinguistic negation　95
metalinguistic-P conditional　63
metalinguistic resemblance　108

modal value 131
Muschard 149
mutual knowledge 107
my N 94
nakashima 211
negation 93
negative polarity item (NPI) 99
Noh 6, 23n, 40, 44n, 69, 74n, 151, 152, 154, 156, 202
non-predictive construction 33
Nunberg 21, 24
open-P conditional 33
ostension 20
Palmer 78n
particular conditional 33
Perkins 4
Perner 25n
phatic act 63
predictive construction 33
Quine 21

quotation 5
Recanati 20, 24
relevance 83
relevance theory 1, 12
relevance conditional 83
repartee 120
representation by resemblance 108
Searle 16
Siegel 29n, 82, 87n
situation semantics 23n
speech act conditional 17
Sperber 3, 4, 11, 200, 203
style disjunct 55
Sweetser 17, 49n
Tedeschi 68n
van der Auwera 18, 33, 81n
van Dijik 72n
Wilson 1, 2, 5, 7, 8, 11, 151, 152, 154, 157, 171, 200, 202, 203
Yus 149

執筆者紹介

東森　勲（編者：序章，第3章担当）龍谷大学文学部教授

1. 『英語のジョークの研究：関連性理論による分析』，開拓社，東京，2011. ISBN978-4-7589-2167-1
2. "But/Yet/However in English Jokes: A Relevance-Theoretic Account" *Marqueurs Discursifs et Subjectivite*, ed. by Sylvie Hancil, Publications des universités de Rouen et du Havre, 2011, 209-224. ISBN978-2-87775-519-1
3. "Jokes and Metarepresentations: Definition Jokes and Metalinguistic Jokes" *LACUS FORUM XXXVI* (Claremont Graduate University, Pitzer College) CD-ROM, 2009. http://www.lacus.org/volumes/36/208_higashimori_i.pdf
4. "Understanding Political Jokes: Are There Any Rhetorical and Cognitive Characteristics?" *Proceedings: Selected Papers on CD-Rom Rhetoric in Society*, University of Leiden, 2009. ISBN/EAN978-90-9024676-5

中島信夫（第1章担当）甲南大学文学部教授

1. "Inference and Epistemic Conditionals,"『甲南大学紀要』160, 甲南大学文学部, 2010, 123-130.
2. "A Semantico-Pragmatic Analysis of Performative Utterances, Part II: How Performative Utterances Make Statements,"『甲南大学紀要』155, 甲南大学文学部, 2009, 15-31.
3. "Inferential Judgment and Indicative Mood," in M. Amano et al. (eds.) *Exploring the Universe of Language*, Nagoya University, 2007, 203-220.
4. "Conditionals and Hybrid Uses of Language,"『甲南大学紀要』甲南大学文学部, 2006, 1-50.

五十嵐海理（第 2 章担当）龍谷大学社会学部准教授

1. ""Like hell" and Polarity Reversal,"『日本認知言語学会論文集』第 10 巻，日本認知言語学会，2010，44-55.
2. 「"Father my eye!": 否定を表す構文」『日本語用論学会第 11 回大会発表論文集』第 4 号，日本語用論学会，2009，245-248.
3. 「My N による拒絶」『六甲英語学研究』第 11 号，六甲英語学研究会，2008，1-15.
4. 「語法ノート： Actually のメタ言語的修正について」『英語語法文法研究』第 18 巻，英語語法文法学会，2011，190-195.

龍谷叢書 XXXIII
メタ表示と語用論

Ⓒ 2015 Isao Higashimori et al.
ISBN978-4-7589-2208-1　C3080

編　者	東　森　　勲	
発行者	武 村 哲 司	
印刷所	日之出印刷株式会社	

2015 年 3 月 19 日　第 1 版第 1 刷発行

発行所	株式会社　開　拓　社	〒113-0023　東京都文京区向丘 1-5-2 電話　(03) 5842-8900（代表） 振替　00160-8-39587 http://www.kaitakusha.co.jp

JCOPY ＜(社)出版者著作権管理機構 委託出版物＞
本書の無断複写は，著作権法上での例外を除き禁じられています．複写される場合は，そのつど事前に，(社)出版者著作権管理機構（電話 03-3513-6969，FAX 03-3513-6979，e-mail: info@jcopy.or.jp）の許諾を得てください．